知识产权
密集型产业评价国际比较研究

玄兆辉 蒋仁爱 ◎ 编著

·北京·

图书在版编目（CIP）数据

知识产权密集型产业评价国际比较研究 / 玄兆辉，蒋仁爱编著. -- 北京：科学技术文献出版社，2025. 2.
ISBN 978-7-5235-1998-1

Ⅰ. D913.404

中国国家版本馆 CIP 数据核字第 2024A50U71 号

知识产权密集型产业评价国际比较研究

策划编辑：刘文文　责任编辑：赵　斌　李　斌　责任校对：张永霞　责任出版：张志平

出 版 者	科学技术文献出版社
地　　址	北京市复兴路15号　邮编 100038
出 版 部	（010）58882941，58882087（传真）
发 行 部	（010）58882868，58882870（传真）
邮 购 部	（010）58882873
官方网址	www.stdp.com.cn
发 行 者	科学技术文献出版社发行　全国各地新华书店经销
印 刷 者	北京厚诚则铭印刷科技有限公司
版　　次	2025 年 2 月第 1 版　2025 年 2 月第 1 次印刷
开　　本	710×1000　1/16
字　　数	142 千
印　　张	10.25
书　　号	ISBN 978-7-5235-1998-1
定　　价	46.00 元

版权所有　违法必究

购买本社图书，凡字迹不清、缺页、倒页、脱页者，本社发行部负责调换

前　言

知识经济时代的来临让人们逐渐意识到研发（research and development, R&D）活动已不再是资本的消耗，而是一种可以获得高回报的投资行为。相应地，通过研发获得的知识产权也不再仅仅被视为科技活动的产出，而是逐渐成为企业的竞争资本乃至国家的战略资源。

国际上，美欧早已把目光投向该领域。2012年，美国商务部首次提出知识产权密集型产业的概念，将其定义为"生产或使用大量知识产权并强烈依赖知识产权的产业"。此后，美国、欧盟多次发布与知识产权密集型产业相关的研究报告，从产业界定、经济贡献等角度对知识产权密集型产业发展状况进行分析。与美欧相比，我国对知识产权密集型产业的研究起步较晚，目前尚未出台知识产权密集型产业的综合性研究报告。2021年，中共中央、国务院出台的《知识产权强国建设纲要（2021—2035年）》对我国知识产权密集型产业未来的发展有着关键性指导作用。因此，我国亟须加强知识产权密集型产业有关的研究，更好地推动其在实施创新驱动发展战略、促进产业转型升级和推动经济增长中发挥关键作用。

本研究基于目前国内外发布的知识产权密集型产业报告，以《知识产权与美国经济》《知识产权密集型产业及其在欧盟经济的经济表现》两份主流报告为主，结合《版权产业经济贡献调研指南》、《专利密集型产业目录（2016）》（试行）、《知识产权（专利）密集型产业统计分类（2019）》、《江苏省知识产权密集型产业统计报告》等相关报告，对比分析不同国家或地区在专利、版权、商标密集型产业界定方法及经济贡献方面存在的差异，并得出以下结论：①各国和国际组织对知识产权密集型产业的重视程度显著提升，重视知识产权密集型产业的发展已成为全球范围内推动科技创新和高质量发展的关键路径。②知识产权密集型产业的范围正逐步扩展，尽管各国对此有共识，但实际操作中的测算方法存在差异。③知识产权密集型产业对经济的贡献显著增长,成为多国经济增长的重要驱动力,通过提升这些产业的竞争力,不仅推动了技术革新,也促进了全球贸易和投资的增长。④中国知识产权密集型产业处于不断发展、走向深化的阶段,知识产权密集型产业仍然以"量"取胜,但是距离"质"的提升还有一定的空间。

通过进一步的对比分析,得到如下政策启示:①在知识产权密集型产业测算方面,我国应借鉴美国和欧盟的方法,结合专利、商标、版权等知识产权统计数据及产业经济数据,不断完善测算体系。②为了进一步推动知识产权密集型产业的全球发展,未来的国际比较研究应当采取更为广泛和深入的路径。③为了更精准地把握知识产权密集型产业对经济的深远影响,未来研究需在经济贡献的评估上实现更深层次的突破。④未来研究需致力于完善政策支持体系,并深入探讨不同类型政策的协同作用机制。

目 录

1 绪论 ·· 1
1.1 研究背景 ·· 1
1.2 研究目的与意义 ·· 5
1.3 研究内容 ·· 6
1.4 研究框架 ·· 7
1.5 研究方法与创新点 ·· 9

2 文献综述 ·· 10
2.1 知识产权密集型产业的提出 ·· 10
2.2 知识产权密集型产业的概念和特征 ·· 12
2.2.1 知识产权密集型产业的概念 ·· 12
2.2.2 知识产权密集型产业的特征 ·· 13
2.3 知识产权密集型产业分类方法 ·· 15
2.3.1 美国知识产权密集型产业分类方法 ································ 15
2.3.2 欧盟知识产权密集型产业分类方法 ································ 16
2.3.3 我国知识产权密集型产业分类方法 ································ 17
2.4 研究评述 ·· 19

3 国际知识产权产业相关研究 ·· 24
3.1 世界知识产权组织关于版权相关产业的研究 ·························· 24

- 3.1.1 研究背景 ·· 24
- 3.1.2 研究结论 ·· 25

3.2 美国关于知识产权密集型产业的研究 ······································ 28
- 3.2.1 研究背景 ·· 28
- 3.2.2 核心内容 ·· 30
- 3.2.3 历史演变 ·· 34
- 3.2.4 经济贡献测算及结论 ·· 38

3.3 欧盟关于知识产权密集型产业的研究 ······································ 40
- 3.3.1 研究背景 ·· 40
- 3.3.2 核心内容 ·· 42
- 3.3.3 历史演变 ·· 47
- 3.3.4 经济贡献测算及结论 ·· 64

3.4 国际商标协会商标密集型产业的研究 ······································ 66
- 3.4.1 拉丁美洲的商标——对该地区 5 个国家的经济影响 ········ 66
- 3.4.2 拉丁美洲的商标——对 10 个拉丁美洲和加勒比国家的经济影响 ·· 67
- 3.4.3 东南亚五国商标密集型产业对经济的贡献 ···················· 69

3.5 国际知识产权指数研究 ··· 73
- 3.5.1 研究背景 ·· 73
- 3.5.2 知识产权框架强度和有效性对比 ···································· 74

4 国内知识产权产业相关研究 ·· 78

4.1 专利密集型产业早期研究 ·· 78
- 4.1.1 研究方法 ·· 78
- 4.1.2 分类结果 ·· 79

4.2 知识产权（专利）密集型产业统计分类 ···································· 82
- 4.2.1 研究方法 ·· 82

4.2.2 分类结果 ·················· 82
4.3 江苏省知识产权密集型产业研究 ·················· 90
 4.3.1 研究背景 ·················· 90
 4.3.2 分类结果 ·················· 92
4.4 中国版权相关产业研究 ·················· 96
 4.4.1 研究背景 ·················· 96
 4.4.2 分类结果 ·················· 97
4.5 中国商标行业发展研究 ·················· 99
 4.5.1 研究背景 ·················· 99
 4.5.2 主要结论 ·················· 99

5 知识产权密集型产业的国际比较研究 ·················· 102
5.1 概述 ·················· 102
5.2 专利密集型产业 ·················· 108
 5.2.1 产业研究现状 ·················· 108
 5.2.2 专利技术分类与产业分类 ·················· 109
 5.2.3 产业界定方法 ·················· 109
 5.2.4 产业细分行业构成 ·················· 112
5.3 商标密集型产业 ·················· 117
 5.3.1 产业研究现状 ·················· 117
 5.3.2 产业界定方法 ·················· 118
 5.3.3 产业细分行业构成 ·················· 121
5.4 版权密集型产业 ·················· 129
 5.4.1 产业研究现状 ·················· 129
 5.4.2 产业界定方法比较 ·················· 130
 5.4.3 产业细分行业对比 ·················· 133

  5.5 经济贡献评价 ·· 136
    5.5.1 经济贡献指标比较 ································· 136
    5.5.2 经济贡献数据比较 ································· 140

6   政策建议 ··· 143

7   结论与展望 ··· 147
  7.1 结论 ··· 147
  7.2 未来研究展望 ··· 149

参考文献 ·· 152

1 绪论

随着全球经济的不断演变，知识经济已成为推动现代社会发展的关键力量。特别自经济合作与发展组织（Organization for Economic Co-operation and Development, OECD）在1996年首次提出"知识经济"概念以来，知识和人力资本的重要性日益凸显。在这个背景下，发达国家通过大力发展知识技术密集型产业，已经在全球经济中确立了领先地位。中国作为一个快速发展的经济体，也正在通过实施一系列战略性政策来转型升级其经济结构，从而促进经济从高速增长向高质量发展的转变。政府的政策指引明确了知识产权和知识密集型产业的重要性，这不仅是国内政策的需要，也是提升全球竞争力的必然选择。

1.1 研究背景

20世纪80年代，以罗默、卢卡斯为代表的经济学家将知识和人力资本因素纳入经济增长模型，为经济增长找到了源泉和动力，知识作为重要的新兴生产要素，逐渐引起社会各界的广泛关注和重视。1996年，OECD在题为《以知识为基础的经济》（*The Knowledge-based Economy*）的年度报告中首次提出了"知识经济"的概念，认为知识经济是建立在知识和信息的生产、分配和使用上的经济，人类社会逐步由农业经济、工业经济进入知识经济时代。知识经济是和农业经济、工业经济相对应的概念，是当今世界一种新型的、富有生命力的经济形态。知识价值的发现不仅改变了传统的国家经济生产和分配方式、国际贸易标的和方式等，同时也使得以智力及知识资源占有和配置为中心的知识经济成为国际技术贸易产生和兴起的母体。随着知识经济时代的到来，以高R&D投入为主要特征的知识技术密集型产业逐渐在国民经济中占据重要地位，美国、日本等发达国家和经济体纷纷制定多领域发展规划与战略，推动知识技术密集型产业迅速发展，对世界经济增长起到了重要促进作用。进入21世纪以来，知识产权作为一种新兴的生产要素开始进入大众的视野。目前，以知识产权为导向的创新被公认为世界经济增长的原动力。作为知识产权驱动的外在表现形式，知识产权密集型产业已经成为发达国家实现经济增长、提升综合国力的重要方式。

我国经济已由高速增长阶段转向高质量发展阶段。知识作为国家发展战略性资源和国际竞争力核心要素，其作用更加凸显。知识密集型产业是创新发展的刚需和国际贸易的标配，已成为经济高质量发展的重要支撑，在塑造世界经济格局中发挥重要作用。面对复杂的国际形势和新一代技术革命浪潮的袭来，各国围绕前沿技术的竞争势必更加激烈。在此背景下，构建知识密集型产业体系已成为我国加快建设创新引领、协同发展的现代化产业体系的关键。传统的高投入、高消耗、高污染的粗放型经济增长模式已经难以维持现阶段经济的持续高速增长，在我国经济进入新常态的关键时点，转变经济增长方式势在必行。随着知识和技术对我国经济增长的贡献率逐步提高，以知识产权为导向的创新也必将成为中国经济增长的新力量。针对这一趋势，政府多次发布文件强调知识产权密集型产业对于经济增长的重要推动力。2014年12月，国务院印发《深入实施国家知识产权战略行动计划（2014—2020年）》，提出要推动知识产权密集型产业发展，并鼓励有条件的地区发展区域特色知识产权密集型产业，重点建设一批知识产权密集型产业集聚区。2016年12月，《国务院办公厅关于印发知识产权综合管理改革试点总体方案的通知》中提出"统筹制定实施知识产权密集型产业促进政策，培育知识产权密集型产业成为新的经济增长点"。当前"知识产权密集型产业"已成为各级政府文件中出现的高频词汇，代表着我国产业结构升级的方向和刺激经济增长的新活力点。

近年来，世界各国逐渐重视对知识产权密集型产业的研究，美国、欧盟、英国等国家和组织纷纷发布知识产权密集型产业的综合性报告，依据自身特点详细介绍知识产权密集型产业的定义、界定方法及产业目录细则，基于数据分析了知识产权密集型产业对各自经济增加值、就业及进出口的贡献。国家知识产权局、国家统计局于2016年和2019年分别发布了《专利密集型产业目录（2016）》（试行）、《知识产权（专利）密集型产业统计分类（2019）》等产业分类标准文件[1]。不同国家或地区发布的知识产权密集型产业报告在内容上存在一定的借鉴关系，但由于各自经济发展阶段和产业结构的不同，界定原则、方法和结果存在着一定的差异，这为我们研究知识产权密集型产业提供了潜在的可能性和丰富的素材。

加强知识密集型产业科技统计监测是建设中国特色知识密集型产业体系的重中之重。这是由于数据作为高端要素和最终产品的地位日益凸显，其价值的发挥依赖赋能其他生产要素，激活数据要素的根本目的是以多样、创新的方式投入生产，为经济社会生产创造更大的价值。因此，基于知识密集型产业发展数据进行统计监测，有利于更加准确把握知识产权、知识技术与产业经济融合发展的主攻方向，从而高效地集聚创新要素，充分发挥知识产权和知识技术的市场价值，塑造经济增长"新动能"，培育产业发展"新优势"，为推动经济高质量发展提供更为有力的支撑。

国际上，欧美等发达经济体高度重视知识产权和知识技术密集型产业的科技统计指标体系的监测和评价。近年来，美国、欧盟、OECD及拉美等国家地区和组织相继发布有关知识密集型产业统计报告，对知识产权与知识技术密集型产业的发展脉络、最新趋势，以及其对就业质量和贸易竞争力乃至该国（地区）经济增长的贡献进行了翔实的统计分析。因此，加强对美国、欧盟和OECD知识密集型产业相关报告的研究，科学客观地对与数据流通和市场价值密切相关的知识密集型产业进行统计监测，并选用恰当合理的指标体系对其进行国际比较分析，学习借鉴国际上其他经济体的科技统计和指标体系的科学性与全面性，有利于我国健全知识密集型产业科技统计指标的核算与发布机制，更好地反映知识密集型产业强国建设成效,并从根本上解决产业发展过程中面临的一系列"卡脖子"难题。

对于我国而言,随着现代化产业体系的深入推进,知识密集型产业生产要素将在资源配置中发挥更加强大的作用,亟须更具连续性、科学化、规范化和标准化的科技指标和统计方法。在政策层面,如何更为高效科学地整合发展资源对现有科技统计体系提出了更高更新的要求,"十四五"规划及中央先后出台《"十四五"时期统计现代化改革规划》《关于更加有效发挥统计监督职能作用的意见》等多个有关统计事业长远发展的重要文件,均强调了科技指标的完善与统计工作的科学高效对于国民经济的重要推动作用。在这一政策导向下,基于美国、欧盟与OECD等世界主要经济体和组织主流报告中科技统计和指标的最新动向,通过知识密集型产业统计监测和国际比较分析更好地把握国际知识密集型产业的最新动态,有利于打破美国及其盟国对关键技术环节实行技术出口管制形成的技术链权力联盟,扭转中国与全球科技与产业合作水平降低的趋势,实现科技战略的落地与全面追赶,更好助力我国经济社会高质量发展。

值得注意的是,在2022年最新公布的美国《科学与工程指标》中,知识技术密集型产业由2020版中的13个行业变为12个行业,将电气设备制造业与机械和设备制造业整合为其他机械和设备制造业;同时,《知识产权与美国经济:第3版》中知识产权密集型产业直接将知识产权与公共和私营企业相匹配,匹配方法和范围较 2016 版进行了拓展和升级,新增外观设计密集型产业这一行业分类。此外,美国、欧盟和OECD对知识技术密集型产业与知识产权密集型产业衡量标准和测度方法存在的差异,使得知识密集型产业界定结果和范围没有统一的国际标准,一直处于动态变动和优化的过程。因此,为跟踪解读不同国家和经济体相关报告中科技统计和指标的最新动向,厘清历年统计工作演变脉络和发展趋势,形成对国际主流报告中有关科技统计和指标框架的清晰认知,并对最新版报告中涉及的核心指标体系和统计方法进行归纳总结和对比分析就成为必不可少的关键工作。

本研究从知识密集型产业指标统计监测与国际比较分析的视角出发,对美国、欧盟和 OECD 等国际主要经济体和组织的知识密集型产业分类标准、科技统计指标设计等最新工作进行追踪解读，分析知识密集型产业发展在知识、技术与科技创新紧密融合的新趋势下对国民经济的贡献，提供知识密集型产业相关政策制定的数据依据，为我国相关产业的发展提出科学具体的监测方案和追赶策略。上述工作对我国逐步构建并完善一套系统完整、协同高效、约束有力的科技统计和指标体系具有十分重要的借鉴价值。

1.2　研究目的与意义

改革开放以来，我国的知识产权制度逐步发展和完善，知识产权在经济和社会活动中的地位得到历史性提升，知识产权事业取得了显著的成效。但是，我国的知识产权总体上处于起步和发展阶段，与发达国家和地区相比仍然存在较大的差距。知识产权亟须跨越发展，而前提就是要客观认识现状，基础就是明确知识产权如何与经济发展融合协调发展。同时，知识产权密集型产业是指知识产权密集程度较高的产业，衡量了相关产业的创新能力，是能够代表一个国家综合国力和整体竞争力的重要先导产业和重要经济增长点。此外，知识产权密集型产业对关联产业的经济拉动能力强，极具创新活力和市场竞争优势，通过遍布整个经济的供应链能够影响国民经济体系中的其他部门，直接或间接地提高其经济效益、创新水平和发展活力，为经济增长创造更多的发展机会和新增长点。因此，准确地判定知识产权密集型产业发展的水平，发现存在的问题和不足；明确各国知识产权密集型产业对于经济发展的贡献差异，才能更好地服务于理论研究，也能为知识产权部门的管理和决策提供参考。

要想在全球新一轮产业革命中更好地把握知识产权密集型产业的发展态势，就必须明确知识产权密集型相关行业的界定问题。随着经济发展中知识和技术因素的急剧变化，知识产权密集型产业的边界也随之发生变化。追踪美国及相关国际组织对相关产业界定的历史变迁和研究方法，为调整我国知识产权密集型产业界定体系提供重要借鉴。因此，对美国和欧盟知识产权密集型产业的界定原则、现实背景、研究方法和界定结果进行比较，能够进一步完善我国知识产权密集型产业的统计工作，对产业政策和知识产权保护制度具有重要的意义。

知识产权密集型产业对于实施创新驱动发展战略、实现产业转型升级、推动经济持续增长具有直接而显著的作用。然而，我国对相关产业的统计评价却相对滞后。在知识产权密集型产业方面，我国还未建立起一套完善的评价体系，导致相关产业的认定方法目前存在广度不足、深度不够，具体行业结构单一等问题。在最新发布的《知识产权（专利）密集型产业统计分类（2019）》中，仅包含对专利密集型产业的统计，对商标、地理标志和植物新品种等密集型产业的重视程度有所不足，无法得到知识产权密集型产业的全面特征。加强对美国、欧盟相关知识产权密集型产业的研究，对科学界定知识产权密集型产业统计范围，完善知识产权密集型产业统计监测工作，更好地服务于知识产权强国建设具有重要意义。

1.3 研究内容

本书深入分析了国际上对知识产权密集型产业的界定标准及其发展现状，特别是通过比较世界知识产权组织（World Intellectual Property Organization，WIPO）《版权产业经济贡献调查指南》、美国《知识产权与美国经济》及欧盟《知识产权密集型产业及其在欧盟的经济表现》等国际报告，结合中国《知识产权（专利）密集型产业统计分类（2019）》《中国版权相关产业的经济贡献》《中国商标行业的发展研究报告》等相关内容，探索分析了美国、欧盟及其他地区的专利、版权和商标等知识产权密集型产业的最新动向。研究旨在探索知识产权密集型产业在各经济体之间的共性与差异，重点关注专利、版权和商标等领域的发展。同时，研究比较了不同国家知识产权密集型产业的界定结果，以及这些产业对经济的贡献。基于这些分析，提出了构建中国特色知识产权密集型产业分类体系的建议，以促进国内产业的高质量发展。

本研究旨在深入分析知识产权密集型产业的国际比较，通过梳理和比较不同国家和地区知识产权密集型产业的发展状况、界定方法及经济贡献，探讨知识产权密集型产业在全球知识经济中的作用和影响。研究内容主要包括以下几个方面。

①国际知识产权密集型产业分类标准和科技统计指标跟踪研究。主要基于《版权产业经济贡献调研指南》《知识产权与美国经济》《知识产权密集型产业及其在欧盟的经济表现》等国际上广泛认可的主流报告，对知识产权密集型产业的界定标准及历史演变进行系统分析，探究其背后的现实背景，评估最新的科技统计方法和指标对我国知识产权密集型产业界定体系的适用性。

②知识产权密集型产业的界定与分类。基于最新发布的《知识产权与美国经济：第3版》、《知识产权密集型产业及其在欧盟的经济表现》（2022）、《知识产权（专利）密集型产业统计分类（2019）》等报告对知识产权密集型产业的界定结果，比较知识产权密集型产业在不同国家或经济体的涵盖范围，同时，横向比较知识产权密集型产业对主要经济体的就业、薪水、增加值、进出口贸易等经济贡献情况。

③知识产权密集型产业界定的国际比较研究的建议和启示。基于国际比较分析的结果，针对知识产权密集型产业的对策、建议及研究，提出促进中国知识产权密集型产业发展的政策启示和建议，包括知识产权保护、促进技术创新和国际合作等方面，如加强对商标等知识产权密集型产业的研究，定期公布知识产权综合性报告，细化中国知识产权密集型产业的研究方法，加快构建符合知识产权发展要求的知识产权保护环境及服务体系。

本研究不仅为理解知识产权密集型产业的国际对比提供了丰富的信息，而且通过深入分析提出了对中国知识产权密集型产业未来发展的具体建议，旨在推动中国在实施创新驱动发展战略、实现产业转型升级、推动经济增长中发挥关键作用。

1.4 研究框架

第1章，绪论。主要阐述了研究背景及研究意义，介绍知识产权密集型产业在全球经济中的重要性，以及进行国际比较研究的目的与意义，然后对研究方法进行介绍，阐述本文的创新点。

第2章，文献综述。对知识产权密集型产业的提出、概念和特征进行阐述，同时对美国、欧盟和中国知识产权密集型产业分类方法进行简要介绍，总结现有研究中在知识产权密集型产业方面的主要发现和存在的差异，并进行简要的文献评述。

第3章，国际知识产权产业相关研究。基于科学客观和可比的原则，选择WIPO发布的《版权产业经济贡献调研指南》、美国的《知识产权与美国经济》、欧盟的《知识产权密集型产业及其在欧盟的经济表现》、《国际商标协会报告》和《国际知识产权指数报告》等国际性报告进行分析，在对基本信息介绍的同时，对报告主要核心研究内容、历年报告对比性分析及研究方法进行详细描述和分析。

第4章，国内知识产权产业相关研究。充分考虑中国知识产权密集型产业发展现状，选取《专利密集型产业目录（2016）》（试行）、《知识产权（专利）密集型产业统计分类（2019）》、《江苏省知识产权密集型产业统计报告2017》、《中国版权相关产业的经济贡献》及《中国商标行业发展研究报告》等相关主题性报告，对其基本信息和核心内容进行详细介绍。

第5章，知识产权密集型产业的国际比较研究。基于上述报告和内容，选取核心报告中主要经济体的知识产权密集型产业发展作为分析对象，对专利密集型产业、商标密集型产业及版权密集型产业的概念、发展现状、产业界定方法及细分行业进行比较分析，比较分析美国、欧盟和中国等主要经济体在知识产权密集型产业界定与分类上的差异和特点。同时，探讨各经济体知识产权密集型产业的经济贡献，如GDP贡献、就业等方面的差异。

第6章，政策建议。结合上述报告内容和数据，分析中国在发展知识产权密集型产业过程中面临的挑战和机遇，提出针对中国知识产权密集型产业发展的政策建议，包括知识产权保护、技术创新和促进国际合作等方面。

第7章，结论与展望。概括研究的主要发现和结论，对知识产权密集型产业的未来发展趋势进行展望,并提出研究的局限性和未来研究方向。

综上所述,本研究旨在全面系统地分析知识产权密集型产业的国际比较,为中国知识产权密集型产业的发展提供理论和实践上的支持,促进知识产权的有效利用和保护,推动经济高质量发展,以及为中国该产业的发展提供策略和建议。

1.5 研究方法与创新点

根据研究内容、研究目标和关键科学问题,本项研究将以演绎与归纳两种方法为基础,在广泛深入对相关报告研读的基础上,结合翔实准确的数据及各类资料,通过规范性理论阐述和实际应用分析相结合、定量研究和定性分析相结合的方式,对国际科技统计指标和产业发展新动向进行研究和追踪。具体研究方法如下。

①经典案例报告分析法。以美国、欧盟等先进经济体为研究对象,重点追踪分析其经典报告中有关知识产权密集型产业等领域的最新动态,总结归纳其产业分类对科技统计工作的启示。

②归纳演绎综合分析法。深入分析知识产权密集型等知识密集型产业界定的演变脉络、变动原因和统计结果,归纳总结不同报告对相关产业的衡量标准、统计方法和测度指标的差异。

③数理统计方法。通过文本和数据分析,梳理出科技统计工作和核心评价指标的最新动态,综合采用定性和定量分析的方法对我国知识产权密集型产业发展现状进行分析,并与代表性国家或地区进行综合对比。

2 文献综述

随着全球经济向知识经济转型的加速,知识产权作为创新的核心要素,其重要性日益凸显。"知识产权密集型产业"这一概念在近 20 年内逐渐成为学术界和决策者关注的焦点。本章将概述知识产权密集型产业的提出背景及其早期研究成果,为后续深入分析奠定基础。

2.1 知识产权密集型产业的提出

"知识产权密集型产业"作为一个概念在学术界出现距今约 20 年,在较早的知识产权密集型产业研究中,Fink 等[2]认为高新技术产品是知识产权密集的产品,并对世界贸易中这类产品进行了统计,其在 1994 年占到了贸易总量的 24%;Pham[3]将知识产权密集型产业定义为年度人均研发费用在平均水平以上的产业。在她的统计时段中,这些产业占据了出口总量的 60%。2012 年,《知识产权和美国经济:聚焦产业》(*Intellectual Property and the U.S. Economy: Industries in Focus*)由美国商务部经济和统计管理局(ESA)和美国专利商标局(USPTO)发布,正式在国家报告中使用"知识产权密集型产业"一词,包括专利密集型产业、商标密集型产业和版权密集型产业。他们采用北美产业分类体系(North American Industry Classification System,NAICS),按照人均知识产权拥有量在所有产业平均水平以上的标准,在美国 313 个产业中识别出 75 个知识产权密集型产业,并统计了它们对于社会就业和经济发展的主要影响。

2013年,《知识产权密集型产业对欧盟经济和就业的贡献》(*Intellectual Property Rights Intensive Industries*:*Contribution to Economic Performance and Employment in the European Union*)由欧洲专利局(European Patent Office,EPO)和欧盟知识产权办公室发布,他们模仿美国2012年报告的方法,采用欧洲共同体经济活动统计分类体系(Nomenclature Statistique des Activités économiques la Communauté Européenne,NACE),对知识产权密集型产业按照人均知识产权拥有量高于所有产业平均水平的产业标准进行划分,对专利、商标、版权、地理标志和外观设计5个密集类型加以识别,并统计出全部知识产权密集型产业对欧盟总的经济活动的贡献率为39%。2016年,美国和欧盟分别更新了上述各自的报告。美国从75个知识产权密集型产业调整为81个,专利、商标和版权3个密集类型的产业分别有25个、66个和13个,其中存在一个产业同时属于不同密集类型的情况。欧盟的更新报告增加了植物品种这一密集类型,其专利、商标、版权、地理标志、外观设计和植物品种6种密集类型的产业分别有140个、277个、78个、4个、165个和6个。

与此同时,国家知识产权局也基于国民经济行业分类体系发布了《专利密集型产业目录(2016)》(试行),以发明专利的密集度和授权规模的全国平均水平为基准,认定信息基础产业、智能制造装备产业、生物医药产业等48个产业为专利密集型产业。

综上所述,知识产权密集型产业的研究目前还处于新兴阶段(王黎萤等,2018;赵锐,2021;田家林,2019)[4-6]。虽然不同国家对知识产权密集型产业的识别都进行了探索,但并未达成统一的标准;并且,各国识别出的知识产权密集型产业大多采用本土的而非国际的产业分类体系,这给国际比较研究带来了困难。然而,现有的识别方法大部分是对美国报告《知识产权和美国经济:重点产业》里的识别方法的沿用与模仿,也反映出这一方法存在较高的信度和效度;与此同时,NAICS与国际贸易标准分类的转化度较高,更容易进行对应。因此,可以以美国报告为标准,对知识产权密集型产业进行识别,并进行国际比较。

2.2 知识产权密集型产业的概念和特征

2.2.1 知识产权密集型产业的概念

知识产权密集型产业概念的提出源于学界和政府机构考察知识要素对经济贡献的诉求。随着信息经济和知识经济时代的到来，全球知识产权资产份额日益增大，知识产权等无形资产成为财富的表现形式。为了测算知识要素对经济的贡献，学者和政府机构开始对进行知识产权产品创作、生产及销售等活动的产业进行考察。例如，1990年，国际知识产权联盟发布了《美国经济中的版权产业》，首次对版权产业的经济贡献进行了测度；2003年，世界知识产权组织出版了《版权产业的经济贡献调研指南》，提出了一套能系统衡量国内版权产业对经济影响的统计标准，指导世界各国对本国和地区版权产业的经济影响进行测量；2005年，史蒂芬·西维克（Stephen E.Siwek）发表了《增长的引擎：美国知识产权产业的经济贡献》，在版权的基础上增加了对专利的关注，量化了那些高度依赖专利和版权的产业对美国经济的贡献；2012年，ESA和USPTO发布了《知识产权和美国经济：产业聚集》，在版权和专利的基础上又增加了对商标的关注，将依赖专利、商标和版权保护的产业统称为知识产权密集型产业（IP-intensive industry），并首次量化了其对美国经济的贡献。2013年EPO和内部市场协调局（Office for Harmonization in the Internal Market, OHIM）联合发布了《知识产权密集型产业：对欧盟经济和就业的影响——产业分析报告》，对欧盟知识产权密集型产业进行了定义和分析；2014年，我国政府在《深入实施国家知识产权战略行动计划（2014—2020年）》中提出"推动知识产权密集型产业发展"，随后制定出台了一系列文件，支持我国知识产权密集型产业的培育和发展。

目前关于知识产权密集型产业的分类主要有3种[7-9]：一是按照经济活动的性质进行划分，即根据经济活动的结果和产业的功能确立的综合划分标准；二是根据产品和服务的相似性进行划分，国际标准产业和文化创意产业均按照这种方法划分；三是按照投入要素的集约程度划分，包括依据资本、劳动等生产要素的密集度划分的资本密集型产业、劳动密集型产业等。"知识产权密集"是知识产权密集型产业的关键限定条件,强调知识产权作为一种关键生产要素在产业中发挥着重要作用,类似于资本密集型产业和劳动密集型产业中资本和劳动要素的作用。因此,知识产权密集型产业是按照投入要素集约程度划分的产业,是知识产权要素密集的产业,其本质上是"将知识产权作为关键中间投入要素,以较高密度应用到产业链各环节中的,由一系列企业和经济组织组成的集合"。

2.2.2 知识产权密集型产业的特征

知识产权的本质是创造性智力成果的独占权,其主要功能是从法律上赋予企业对智力成果的独占权,使知识产权的创造人能够获得垄断收益,从而激励创新。知识本身具有外部经济属性,历史大部分时间里知识都是作为公共产品或准公共产品而存在的,只是到了近代才被法律赋予产权的性质,因此知识产权是创造性思维与法律制度相结合的产物。知识产权存在的主要目的也是使知识产权拥有者的投入能够获得更多的回报,至少能够弥补知识产权创造的投入。因此,知识产权本质上兼具法律和商业两种属性。在法律上,知识产权是为了激励创新而进行的一项制度安排,是对智力成果的法律保护;在商业上,知识产权保护的智力劳动成果蕴含着巨大的智力资产,其可以产生巨大的商业价值。知识产权既可以作为产品服务的要素进行投入,也可以作为商品用于经营。因此,知识产权密集型产业具有以下4个基本特征。

第一,知识产权投入密集度高[10]。在知识经济时代,单项知识产权所能起到的增强竞争作用正逐步弱化,知识产权竞争演变为一定数量且存在内部逻辑联系的知识产权集合的竞争。这个"集合"往往是以共性关键技术为内核、由应用技术包围环绕的知识产权的组合。专业化且具有明确市场目标的专利组合大量出现,结构性的知识产权布局已成为现代产业的显著特征。对新兴产业来说,既要有知识产权的数量优势,也要有质量优势,而先拥有数量优势是形成核心知识产权质量优势的基础。实际上,跨国公司90%的专利不会直接转化,更多是作为一种沉没成本,起到提高行业进入门槛、提高垄断收益的作用[11]。因此,知识产权密集型产业一定要拥有知识产权数量的相对优势,即高密集度。

第二,知识产权与产业活动融合度高。知识产权制度建立之初是为了保护创造者的知识成果,将知识产权作为一种能够生产出有用最终产品的技术并投入生产领域。但随着技术的发展和商业模式的演变,知识产权应用已经不再局限于生产领域,逐渐向投资布局、营销、服务、资产管理等环节延伸,并以知识产权为载体,形成了一套产业活动的"游戏规则",每个企业、行业都或多或少受到知识产权制度的影响,而知识产权密集型产业则是知识产权与产业活动融合更为紧密的领域。

第三,对法律制度建设依赖性高。知识产权的授予和保护是促进创新的关键,是市场经济的基本要素。知识产权为公司、员工和消费者从创新中获益提供了法律基础。没有知识产权框架,知识产权的创造者就会丧失自己的经济权益,对知识产权成果所需投入的热情也会减弱。此外,没有知识产权保护,开发新产品或服务的发明者所投入的时间和金钱将会变为无效投入。如果依靠仿制和抄袭的企业无须付出任何成本,就使产品能够以更低的价格出售,知识产权拥有者反而因投入创新而导致亏损,则有创新实力的企业就会逐渐被抄袭的公司所取代,导致市场的逆向选择问题。因此,知识产权密集型产业想要发展,一定要有完善的法律制度作为保障。

第四,产业发展先导性强。所谓先导性是指一些扩张比较快的产业能够代表产业整体发展方向。知识产权使企业获得了垄断排他权,权利人可在凭借承载该权利的产品或方法获得技术垄断的同时,形成垄断势力,进而获得市场超额利润。从内容来看,知识产权主要是指新技术、新产品蓝图或新创意等。这些创新成果对产业活动会产生积极的影响,一方面新技术对原有生产活动的改造能够提高劳动生产率,在同等条件下会推进知识产权密集型产业快速扩张;另一方面通过知识成果的产业化可以孵化出新兴行业。因此,无论是对原有产业的升级还是孵化新兴产业,知识产权密集型产业都体现出其先导性。

2.3 知识产权密集型产业分类方法

根据上述对知识产权密集型产业相关研究的梳理可知,美国报告《知识产权和美国经济:重点产业》采用的方法可以作为识别知识产权密集型产业的可信标准,也是目前可以采用的最好标准。因此,本研究对美国报告中的识别方法进行了说明。美国报告中知识产权密集型产业包括专利密集型、商标密集型与版权密集型3个密集类型。

2.3.1 美国知识产权密集型产业分类方法

专利密集型产业是指专利密度高于平均水平的产业,属于一个较新的概念,其划分边界与目前的高科技产业、创新型产业等有重合又相互区别,是以知识产权为特性对产业进行的二次划分。不论是美国报告、欧盟报告还是中国报告,都将产业专利密度作为衡量专利密集型产业的核心指标,其计算方法是:

$$u_i = \frac{P_i}{E_i} > \bar{u}_i = \frac{\sum_1^n P_i}{\sum_1^n E_i} 。 \tag{2-1}$$

其中:P_i 为 i 产业的年度专利授权数,E_i 为 i 产业的年度从业人数,u_i 为 i 产业的专利密度,$\bar{u}_i$ 为全部 n 个产业的平均专利密度。数据的时间范围为 2009—2013 年,若 $u_i > \bar{u}_i$,则认定该产业为专利密集型产业。

对于商标密集型产业的测量,美国采用了商标强度计算认定、注册商标50强补充认定及随机抽样补充认定3种方法进行综合判定。商标强度的测量类似于专利密度,即计算 2009—2013 年 5 年间商标注册数量与产业从业人数的比值是否大于全产业该指标的平均值;注册商标50强认定法则是根据 2009—2013 年商标数量排名前 50 的企业所在产业出现的次数进行认定,若大于 5 次则为商标密集型产业;随机抽样认定法以 2013 年全美注册的全部 194 326 个商标作为样本,从中随机抽取 300 个并统计它们的产业类别,这些抽样产业最终也作为商标密集型产业。其中,后两种方法为计算认定方法的补充,能够有效弥补第一种方法对非上市企业和初创企业的遗漏,使最终结果更加充分和完善,也更具说服力。

美国对版权密集型产业的认定主要依据 WIPO 于 2003 年发布的《版权相关产业的经济贡献调研指南》(Guide on Surveying the Economic Contribution of the Copyright-Based Industries)，该指南将版权产业划分为核心版权产业、相互依存版权产业、部分版权产业及非专用支持版权产业 4 类。美国主要依据其中的核心版权产业，实际采用的范围比之更窄，认为版权密集型产业更多地聚焦于生产创造性作品的产业上，因而不包括非知识产权生产性产业的下游发行产业。鉴于版权的获得和统计口径与方法相比于专利和商标有较大不同，采用国际通用标准也具有一定科学性和可推广性。

2.3.2 欧盟知识产权密集型产业分类方法

与美国的分类不同的是，《知识产权密集型产业及其在欧盟的经济表现 2016》在专利、商标和版权的基础上增加了地理标志 (geographical indication，GI)、外观设计和植物品种权 (PVR-intensive，PVR) 3 个密集类型，此外还专门以一个全新的章节提出了气候变化减缓技术 (climate change mitigation technologies，CCMT) 密集型产业。基于 NACE，共识别出知识产权密集型产业 342 个，包括专利密集型产业 140 个、商标密集型产业 277 个、外观设计密集型产业 165 个、版权密集型产业 78 个、地理标志密集型产业 4 个、植物品种权密集型产业 6 个（多数产业同属于不同分类）。欧盟对专利密集型产业的认定方法与美国基本相同，通过计算产业专利密度进行判定，数据选取的年限为 2011—2013 年。欧盟对商标密集型产业的认定方法采用了美国所使用的 3 种方法中的商标强度计算认定法，但未采用美国的两种补充统计法。对版权密集型产业的认定同样参考了 WIPO 对版权产业的定义并做适当调整，其涵盖范围相较于美国更广，在《知识产权密集型产业及其在欧盟的经济表现 2016》中进行了拓展，不仅包含核心版权产业，还包括了相互依存版权产业，以及与版权相关经济活动对产业贡献占比超过 20% 的部分版权产业。

此外，欧盟对外观设计密集型产业的认定引入了外观设计密度的概念，其计算方法与专利密度类似。由于地理标志通常由地区申请注册而不被私人拥有，并且地理标志密集型产业的比例在各国家之间存在很大的差异性，因此，对于地理标志密集型产业的认定和相关计算均按国别进行量化。按照欧盟法规的定义，将欧盟地区全部的 3400 种地理标志分为葡萄酒（56.4%）、农产品和食品（31.3%）、烈酒（12.2%）和加香葡萄酒（0.1%），这 4 类地理标志产品所对应的 4 个主要产业即为地理标志密集型产业。对植物品种权密集型产业的认定，欧盟使用了"植物品种密度"的概念，定义为每种作物平均每 10 平方千米种植面积上植物品种权的应用数量；筛选出植物品种密度高于平均值的作物，其所属的产业即为植物品种权密集型产业。

不难看出，与美国对知识产权密集型产业的识别相比，欧盟覆盖了更多的产业类型，产业划分更加明确，也更彰显地区特色，作为世界上最主要的名酒原产地，欧盟将地理标志纳入知识产权密集型产业的识别，足见其对地区优势产业的重视和保护程度。此外，随着可持续发展理念的深入人心，人工智能及现代化工业技术的发展，可以预见未来将涌现更多类似减缓气候变化技术等类型的新兴知识产权密集型产业，知识产权密集型产业对于世界各国发展战略的重要程度定然会不断提升[12]。

2.3.3 我国知识产权密集型产业分类方法

根据我国最新发布的《知识产权（专利）密集型产业统计分类（2019）》，知识产权密集型产业被定义为发明专利密集度、规模达到规定的标准，依靠知识产权参与市场竞争，符合创新发展导向的产业集合。我国知识产权（专利）密集型产业共包含信息通信技术制造业、信息通信技术服务业、新装备制造业、新材料制造业、医药医疗产业、环保产业和研发、设计和技术服务业七大类，涵盖 31 个中类，对应 188 个国民经济小类行业（GB4754—2017）。在测算依据上我国主要采用的指标为：发明专利密集度、发明专利规模及 R&D 投入强度。其中，发明专利密集度为该产业单位就业人员 2013—2017 年连续 5 年获得的发明专利授权量，计算方法与美国和欧盟相同；发明专利规模即 2013—2017 年专利授权量之和；R&D 投入强度为企业研究与发展经费与主营业务收入的比例。与美欧不同，我国对知识产权（专利）密集型产业的认定需要同时满足专利密集度和专利规模均高于全国平均水平的条件。较美欧认定方法最大的不同在于，我国引入了R&D投入强度作为知识产权密集型产业的认定指标之一，此举确保了近几年新兴的高技术产业同样被纳入分类当中。例如，某产业被相关文件划分为战略性新兴产业、高技术制造业或高技术服务业，其若满足专利密集度或专利规模二者之一，以及R&D投入强度高于全国平均水平，即可被认定为知识产权密集型产业。

我国对于知识产权密集型产业的认定与欧美的标准和方法基本相同。其中，R&D投入强度这一指标的使用体现了我国以研发投入驱动创新创造，以创新创造驱动产业发展的导向。但就产业类别来看，由于我国目前仅包含对专利密集型产业的测量，因此与欧美的认定方法相比覆盖面更窄（表2-1）。有关于商标密集型和版权密集型产业的认定，国内已有诸多学者进行过探讨和计算，如就商标密集型产业而言，姜南等[13]曾构建了包括驰名商标认定法、著名商标认定法和品牌价值认定法这3种方法共同认定的体系；就版权产业而言，从2007年起我国新闻出版研究院发布的中国版权产业经济贡献调研成果中包含了对核心版权产业的认定及其经济贡献的测度，但是目前对于商标密集型和版权密集型产业的认定仍没有权威定论。总体来说，我国目前在知识产权密集型产业的认定上与欧美发达国家之间仍有差距，相关研究缺乏完整的体系，如何在参考欧美发达国家相关认定体系的基础上推动我国知识产权密集型产业认定的完整化、标准化和特色化，将是未来一段时间内亟待解决的问题。

表2-1 中美欧知识产权密集型产业分类方法对比

分类	欧盟	美国	中国
专利密集型	专利密度	专利密度	专利密度、专利规模与R&D投入强度
商标密集型	商标强度	商标强度；注册商标50强补充；随机抽样补充	
版权密集型	WIPO分类中的核心版权产业；相互依存版权产业；版权贡献率超过20%的部分版权产业	WIPO分类中的核心版权产业（非知识产权生产性产业除外）	

续表

分类	欧盟	美国	中国
外观设计密集型	外观设计密度		
地理标志密集型	地理标志产品类别		
植物品种权密集型	植物品种密度		

2.4 研究评述

有关知识产权密集型产业的相关研究兴起较晚，目前大部分研究也只集中于产业划分测度，以及对经济增长的贡献度测量方面。国外关于知识产权密集型产业的研究主要集中通过某一指标确定这类产业，然后研究其对经济、就业、工资、进出口的贡献。世界知识产权组织《世界知识产权指标报告 2023》显示，按照专利申请量进行排序，中国、美国、日本、韩国和德国是 2022 年专利申请数量最多的国家。虽然中国创新者提交的专利申请量继续在全球总量中占近半数，但中国的增长率已连续 2 年下滑，从 2021 年的 6.8% 降至 2022 年的 3.1%。与此同时，印度居民的专利申请量在 2022 年增长了 31.6%，连续 11 年保持增长，在前十大申请人中没有任何其他国家可以比拟。英国专利排名前 5 的产业分别为医药、化工、航天、汽车和电子工程，生产产值为 252 亿英镑，占英国 GDP 的 4.23%，就业近 100 万人，约占就业人数的 3.72%。Vichyanond[14] 采集美国产业的专利数据测算产业专利密度，具体是用某产业授权专利数占产业销售额的比重。Hu 等[15] 则用 Vichyanond 的方法计算了美国制造业的专利强度，并通过对部分国家的实证分析指出：落后的国家专利密集型产业增加值小，发达国家专利密集型产业增加值高，专利保护对落后国家的经济增长作用更大。Pham[16] 用"人均研发经费投入"衡量知识产权制度和创新对产业发展的影响，发现 2000—2007 年美国知识产权密集型产业人均研发投入是非知识产权密集型产业的 12.9 倍。

近几年，国内涉及知识产权密集型产业的主题研究逐渐丰富起来，尽管起步较晚，但已产生了较多的研究成果。国内学者主要从单一指标评定发展到多指标测度知识产权密集型产业；以产业角度研究知识产权，已从简单地测度就业及经济贡献率，发展到利用相关理论模型实证研究产业创新能力及其经济绩效。

目前，关于知识产权密集型产业的理论研究主要集中在以下4个方面。

一是结合欧美国家发布的关于知识产权密集型产业报告，对中国知识产权密集型产业的制定进行可行性探究。其中，徐明等[17]用"产业专利密度"的概念对我国230个产业进行了分析，筛选出63个专利密集型产业。他采用主成分分析法对专利密集型产业的人力投入、资金使用、研发活动中的9个因素进行了研究，并得出3个主成分。结果表明，对这3个主成分影响最大的因素分别是企业平均新产品开发项目数、参加项目人员占全部从业人员的比例、企业平均科技活动经费外部支出。赵喜仓等[18]系统地分析了美国运用的相关测量技术和方法，用以评价知识产权密集型产业，其研究成果对我国知识产权计量方法体系的建立具有参考价值。姜南等[13]对中国专利密集型产业、版权密集型产业和商标密集型产业的构建方法进行了深入分析，在借鉴美国和WIPO关于知识产权密集型产业认定方法的基础上提出中国知识产权密集型产业的方法论。其中，借鉴美国专利密集型产业的测度方法选取了37个工业行业测度专利密度，得到了6个专利密集型产业，并结合现状提出了商标密集型和版权密集型产业的测度方法。通过与美国和欧盟的知识产权密集型产业对经济和就业的贡献进行对比分析，得出了国家实施知识产权战略对中国经济转型的重要性。王磊[19-21]则从专利、商标和版权密集型产业3个维度出发，分析中美知识产权发展现状及其差异，在总结美国知识产权密集型产业主要经验做法的前提下，有针对性地提出中国知识产权密集型产业发展的对策建议。张鹏[22]在借鉴美国、欧盟经验的基础上，结合国情提出我国商标密集型产业的认定标准，实证分析了我国商标密集型产业的经济贡献。李凤新等[23]通过借鉴美国报告中专利强度的算法，分别从国民经济大类和中类两个层次测度我国高专利密集度产业。其中，国民经济行业大类中共有11个高专利密集度产业，工业中类行业（191个）中共有55个高专利密集度产业。通过分析发明专利密集度与成本费用利用率、资产负债率、企业盈亏、出口交货值比重、新产品销售收入比重、创新投入、资本所有权这 7 个方面的关系，阐述我国高专利密集度产业的发展现状。李黎明[24]提出中国当前阶段知识产权密集型产业的测度不应照搬欧美的测度方法，并提出"模糊优选法"来测度知识产权密集型产业，并利用经济普查的数据测度出其经济贡献，数据表明知识产权密集型产业贡献占 2008 年工业总产值的 26.89%。

二是关于知识产权密集型产业的评价体系的研究。许强[25]采用层次分析法从人力资源投入、R&D 投入等产业投入指标及绝对和相对产出指标建立知识产权密集型产业评价体系，为后续研究提供一个有益的理论模型。张永超[26]构建了知识产权密集型制造业的评价指标体系，并运用相关分析法、方差分析法等进行了深入研究。田家林[27]利用主成分分析法构建了知识产权密集型产业发展水平的综合评价指标体系，提取了知识产权密集型产业的核心产业因子、产业投入资源因子、产业发展环境因子等 29 个指标，对我国区域知识产权密集型产业发展水平进行了分析。潘玲[28]基于专利文献计量及产业情报进行分析，研究构建贵州省知识产权（专利）密集型产业界定标准和指标评价体系，从（技术）供给面、（市场）需求面及（创新）环境面 3 个维度研究提出贵州省知识产权（专利）密集型产业培育路径。

三是关于我国知识产权密集型产业发展路径的研究。张骏[29]结合江苏省自身条件，针对江苏省战略性新兴产业成长为知识产权密集型产业这一问题，提出发展江苏省战略性新兴产业的政策框架。陈庆等[30]认为当前阶段应努力完善知识产权密集型产业的测度与评价体系，产业发展的首要出发点是企业，发展知识产权密集型企业更有利于培育和促进知识产权密集型产业。王双陆[31]对广东省知识产权密集型产业与经济转型升级发展之间的关系进行了研究，重点对知识产权密集型产业发展过程中显现的突出问题进行剖析，并进一步提出加快广东省以知识产权密集型产业促进经济转型升级发展的对策建议。苏源哲等[32]制订湖北省专利密集型产业目录，参照相关产业的知识产权统计数据，分析湖北省专利密集型产业发展对经济增长的贡献度，并提出相应策略与建议。

四是关于我国知识产权密集型产业与经济增长的相关研究。孙玉涛等[33]选取专利权作为知识产权的代表,通过构建知识产权保护与经济增长的互动模型证实了产出的增加提高了专利保护水平,专利投入的增加也带动了产出的增长。同时,专利对经济增长具有滞后效应并且滞后期越长,贡献率越大。陈春晖等[34]通过协整和误差修正模型对1985—2005年知识产权对中国经济增长的作用进行了研究,结果表明,知识产权对经济增长有显著的促进作用,并得出滞后年限为3年的结论。知识产权保护能够巩固科技创新成果,提高资源配置效率,激励研发创新。徐明等[35]沿用美国报告中的方法对我国工业企业的专利密度进行计算,得出了我国的专利密集型产业分类结果,结果显示:2008—2010年专利密集型产业的专利申请量占总量的70%以上,其对工业总产值的贡献比重也达到了40%左右。李静晶等[36]利用TVP-VAR模型进行动态回归分析,结果发现在发达地区知识产权保护对经济发展有促进作用,但在中等发达和欠发达地区作用并不显著。也有部分学者直接研究知识产权密集型产业,姜南等[37]通过研究美国知识产权密集型产业对经济和就业率的贡献报告,提出我国应以此为鉴,完善我国的知识产权制度,提升我国创新能力和核心竞争力。杨楠[38]基于内生增长理论,构建经济增长模型,证明了技术与人力资本的相互作用对经济增长的关键作用。结果表明,要推动经济发展,需要在重视人力资本的同时大力发展知识密集型产业。范文等[39]通过相关资料和数据的收集,围绕美国、欧盟和中国三大经济体关于知识产权密集型产业的认定和其对经济贡献的研究展开论述,提出我国需要进一步深入研究,并加大对其培育和保护的力度。于洋[40]基于经济合作与发展组织提出的指数法,对专利、版权和商标等类型的知识产权密集型产业的全要素生产率、增长率及其对经济的贡献率进行了详细分析。

综上所述,知识产权密集型产业作为知识经济时代的重要组成部分,已经在全球范围内引起了广泛关注。从早期的高新技术产品研究,到如今涵盖专利、商标、版权等多个领域的综合分类体系,知识产权密集型产业的研究不断深化和拓展。美国、欧盟和中国作为知识产权密集型产业研究的主要经济体，各自形成了独特的分类方法和经济贡献评估体系。尽管在具体操作和界定标准上存在差异，但三者均强调了知识产权在促进经济增长和创新发展中的核心作用。

当前，知识产权密集型产业的研究正朝着多元化和精细化的方向发展[41-42]。一方面，随着大数据、人工智能等新兴技术的应用，知识产权密集型产业的测算方法将更加精确和科学；另一方面，国际比较研究不断深化，有助于揭示不同国家和地区在知识产权密集型产业发展中的优势和不足，为政策制定提供有力支持。此外，经济贡献的深化研究及政策类型研究也将成为未来研究的重要方向，旨在更全面地评估知识产权密集型产业的经济价值，以提出更加有效的政策措施。

知识产权密集型产业的研究领域广泛且充满挑战，未来研究需要继续深化和创新，以推动知识产权密集型产业的持续健康发展，为全球经济的高质量发展贡献力量。知识产权密集型产业相关研究成果日益丰富，表明该领域的研究具有较强的理论价值与实践指导意义。对国内外该领域研究成果，尤其是重点研究报告进行系统性研究意义重大。

3 国际知识产权产业相关研究

本章综述了全球知识产权密集型产业的相关研究、经济贡献与历史演变，通过对 WIPO、美国、欧盟的政策报告和框架，以及国际商标协会和国际知识产权指数的分析，揭示了知识产权密集型产业的发展脉络、测算与结论，以及对全球 GDP、就业与创新等方面的影响。通过探讨不同国家和地区在知识产权密集型产业方面的差异，分析核心产业的全球作用，并讨论这些因素如何塑造各国的知识产权密集型产业及其面临的挑战，以全面理解知识产权密集型产业在国际市场中的重要性及其所扮演的角色。

3.1 世界知识产权组织关于版权相关产业的研究

3.1.1 研究背景

WIPO 于 2003 年发表了《版权产业经济贡献调研指南》（以下简称《指南》），研究了以知识产权资源为基础的新兴产业体系——版权产业，为后来知识产权密集型产业的界定提供了新视角。《指南》旨在为各国调查、测量创造性的信息产业的规模提供实用的指导，特别是对发展中国家、转型期国家和发达国家提供有用的准则和参考，促进国家和国际的研究合作及比较，使研究达到新的水平，并提高对版权保护的经济意义的认识。主要内容包括 3 个方面，一是概括有关版权产业调查的各国已有经验；二是以指导方针、建议和调查方法的方式提出一种实践手段，供国内相关调查考虑并使用；三是为基于可靠数据和共同方法的调查确立一个用于比较参考的基础。截至目前，世界上已有美国、中国、澳大利亚、新加坡等40多个国家和地区按照WIPO发布的《指南》中的方法开展了版权产业经济贡献的调查研究，并发布了相关调研报告。

《指南》在结构上主要分为以下4个部分：第一部分（第1~3章）概述了过去研究所得出的结论、经验、基本法律概念及版权的经济原则；第二部分包括描述版权产业的功能性区分（第4章）和调查框架（第5章）两个板块；第三部分（第6章）描述了从事研究所遵循的步骤；第四部分（第7章）主要是与相关信息资源认定的内容。

3.1.2 研究结论

《指南》中并未给出"版权产业"的明确定义，仅仅是在比较有关概念时指出，版权产业是指"版权在其中发挥确定作用的活动或产业"。WIPO前总干事伊德里斯引述沙希德·阿里克汉（Shahid Alikhan）有关版权产业的解释："这些活动与产业的基本活力植根于其主要产品与服务所获得的版权与相关权法律保护，常常被称为文化产业。"版权产业的范围明显要大于文化产业，前者包括后者，还包括受版权保护的软件产业，以及与版权有关的其他各类产业。除了企业及其活动，版权产业也包括个体活动（除非个人对作品的正常使用，如购买并消费文学作品、软件等），在对版权产业进行分类时，《指南》也把个体性活动包含于其中，如核心类版权产业中的出版与文学一组中就包含作者、作家、译者。

《指南》根据相关产业活动对版权的依赖程度进行分类，把完全或主要基于版权的产业和对版权内容依赖程度较小的产业区分开。遵循这一标准，《指南》把版权产业区分为4个产业组：核心版权产业、相互依存版权产业、部分版权产业和非专用支持性产业（表3-1）。

表 3-1　WIPO《版权产业经济贡献调研指南》版权行业分类

分类	定义	细分活动
核心版权产业（core copyright industries）	指专门、全部地从事创造、生产与制造、表演、广播、传播与展出，或者发行与销售作品和其他版权保护内容的产业	(a) 新闻出版与文学 ①作者、作家、译者；②报纸；③新闻和节目代理（通讯社）；④杂志／期刊；⑤图书出版；⑥贺卡与地图；⑦电话簿和其他出版材料；⑧图书、杂志、报纸的印前、印刷和印后，广告材料；⑨出版和文学的批发与零售（书店、报刊亭）；⑩图书馆 (b) 音乐、戏剧作品、歌剧 ①词作者、曲作者、改编者、编舞、指挥、表演者和其他人；②音乐出版与印刷；③录制音乐的生产／制作；④录制音乐的批发与零售（销售与出租）；⑤艺术与文学创作和加工；⑥表演和有关的代理（图书代理、票务代理） (c) 电影与录像 ①作者、导演、演员等；②电影与录像生产和发行；③影院放映；④录像出租与销售，包括按需录像；⑤有关的服务（如字幕、配音等） (d) 广播与电视 ①国内广播电视播放公司；②其他广播与电视播放者；③独立制作人；④电缆电视（系统与频道）；⑤卫星电视；⑥有关服务 (e) 摄影 ①摄影棚和商业摄影；②图片社和收藏馆（图片加工室不包括在内） (f) 软件与数据库 ①编程、开发与设计；②制造、批发与零售预包软件（商业程序、视频游戏、教育程序等）；③数据库处理与出版 (g) 视觉与绘画艺术 ①艺术家；②画廊和其他批发和零售；③图画制框和其他相关服务；④图片设计 (h) 广告服务 代理、购买服务（广告价格不包括在内） (i) 版权集体管理协会

续表

分类	定义	细分活动
相互依存版权产业（interdependent copyright industries）	指从事设备的生产、制造和销售，这种设备的功能全部或主要是促进作品和其他保护内容的创造、生产与使用	(a)"核心的"相互依存版权产业，包括下列设备的制造、批发和零售（销售和出租）：①电视机、收音机、各类播放机、电子游戏设备和其他类似设备；②计算机及相关设备；③乐器 (b)"部分的"相互依存版权产业，包括制造、批发或零售（销售与出租）：①照相与摄影器材；②影印机；③空白录制材料；④纸张
部分版权产业（partial copyright industries）	指产业中有一部分活动关系到作品和其他保护内容，可能包括创造、生产和制造、表演、广播、传播和展出或发行与销售	①服饰、纺织品和鞋类；②珠宝和硬币；③其他手工艺品；④家具；⑤家庭用品、瓷器和玻璃；⑥墙面涂料和地毯；⑦玩具和游戏用品；⑧建筑设计、工程设计及测量；⑨室内设计；⑩博物馆
非专用支持性产业（non-dedicated support industries）	指这些产业中的部分活动关系到促进作品和其他受保护内容的播放、传播、发行或销售，其活动没有包含于核心板块产业	①普通批发与零售；②普通运输；③电话和因特网

在对各类版权产业进行研究分析时，必须先确定该产业中的版权份额，并将非版权的部分排除在外。例如，不是所有黄金首饰的价值都与版权相关，只有艺术方面的价值才与版权相关。确定某一产业版权份额的过程就是计算该产业版权因子的过程。因此，WIPO将版权因子定义为"版权在某一特定产业中的份额或对版权的依赖程度"。

根据《指南》，WIPO明确了核心版权产业版权因子的数值，核心版权产业的产品价值可以完全归算于版权，因此其版权因子数值为100%。以新闻出版产业为例，其产业内全部活动都与作品或其他版权保护客体相关，包括生产（创作、制作和制造）、无形传播（表演、广播、传播和展览），以及有形传播（发行、销售和服务）。因此，新闻出版领域内的产品价值可以完全归算于版权,版权因子可按 100% 计入。同时还提供了非专用支持性产业版权因子的计算公式,尽管测算难度不大,但该公式对其他三类版权产业的相关数据依赖程度较高。而剩下两类版权产业版权因子的测算工作在很大程度上依赖各国的实地调研工作,会受各国国情、产业发展水平、实地调研程度及研究人员学科背景与思维模式等因素的影响,测算难度相对较大。对于相互依存版权产业,根据对核心版权产业的支持程度,可进一步分为核心相互依存版权产业和部分相互依存版权产业。其中,相互依存版权产业是与核心版权产业的产品一起被消费的,是"版权硬件";部分相互依存版权产业与核心版权产业的关联程度相对较小,其被划入版权产业的原因是它们对促进版权作品的使用有一定辅助作用。但无论是核心相互依存版权产业还是部分相互依存版权产业,其本身所包含的版权成分都很低,但都在以一种至关重要的方式支持版权作品的使用。各国测算出的相互依存版权产业的版权因子数值可明显分为两类国家,这两类国家之间存在较大差异。一类国家,如韩国、匈牙利、乌克兰、土耳其等,将相互依存版权产业中的全部产业组的版权因子都认定为 100%,这将大幅提升该类国家版权产业的经济贡献率。另一类国家,如新加坡、荷兰、泰国、菲律宾等,是在实地调研的基础上对相互依存版权产业中不同的产业组确定了不同的版权因子,其数值大部分在 20%~40%。相比之下,第二类国家的版权产业经济贡献率会大大降低。这也体现出各国对相互依存版权产业版权属性的理解是存在较大差异的,这种差异同样体现在对部分版权产业版权因子的测算上。

3.2 美国关于知识产权密集型产业的研究

3.2.1 研究背景

《知识产权与美国经济》是由 ESA 和 USPTO 发布的综合报告,目前已发布 2012、2016 及 2022 等 3 版[43-44]。最新发布的第 3 版报告以知识产权密集型产业为研究对象,量化和评估知识产权密集型产业对美国 GDP、就业和出口的贡献。

其中，2012年发布的报告《知识产权与美国经济：产业聚焦》（Intellectual Property and the U.S. Economy：Industries in Focus）首次对知识产权密集型行业及对美国经济的影响进行系统性分析。一方面，报告试图找到在美国经济中不断增长的知识产权的参与者，他们通过专利、商标或版权保护他们的创新；另一方面，评估知识产权密集型行业对经济的贡献及对就业产生的连锁反应。2016年9月发布的《知识产权与美国经济：2016更新版》（Intellectual Property and the U.S. Economy：2016 Update）研究报告，其依据2009—2013年数据对报告内容进行更新。2022年3月17日，《知识产权与美国经济：第3版》（Intellectual property and the U.S. Economy：Third edition）发布，研究以2012年和2016年前两版报告为基础，更新了截至2019年知识产权密集型产业对美国经济的重要性，重新审视相关衡量方法，研究侧重于衡量工业知识产权使用强度，以及知识产权密集型产业与经济指标（产出、就业和工资）的长期关系。

2022年版在结构上可以分为5个部分。第一部分（第1章）主要对2012版及2016版的内容进行了回顾，并简要介绍了本报告的研究背景、主要研究内容、采用的研究方法。第二部分（第2章）主要报告了直接归因于知识产权密集型产业的产出和就业情况，并详细介绍了知识产权密集型产业的具体产出和就业情况，以及每个知识产权密集型产业集群的产出和就业人数在美国GDP和就业总量中的份额。第三部分（第3章）从知识产权密集型产业不同行业的就业情况、不同时期的就业趋势及美国各州知识产权密集型产业的工作3个方面，审查了知识产权密集型产业的就业情况。第四部分（第4～5章）主要讲的是知识产权密集型产业的工作特点，具体从平均收入、就业特征及工人的特点这3个角度进行体现。第五部分（第6章）是对前5章内容的总结及本报告的研究结论。

在2022年版中，主要有以下发现。

① 2019年，美国密集使用知识产权的行业占国内经济活动或产出的41%。在过去的5年里，知识产权密集型产业的产出增长速度与整个国内经济的增长速度

大致相同，但版权密集型产业除外，其产出增长速度高于国内经济的增长速度。

② 2019 年，知识产权密集型产业总共创造了 6300 万个就业岗位，占美国就业总量的 44%。知识产权密集型产业直接支持了约 33% 的就业岗位，即 4700 多万个就业岗位。它们还通过提供中间产品和服务间接地增加了 1550 万个就业岗位，占就业总量的 11%。

③制造业、批发零售业及专业服务部门高度集中了知识产权密集型就业，这 3 个行业加起来占所有知识产权密集型就业的 68%。其中，批发和零售贸易部门这两个商标密集型行业对知识产权密集型就业贡献最大，支持了 1130 万个就业岗位。

④ 2019 年，所有知识产权密集型行业工人的平均周薪为 1517 美元，比其他行业工人的周薪高出 60%，知识产权密集型行业的收入溢价稳步增长至 60%。

⑤东北部、大西洋中部、中西部上游和西海岸地区的工人通常在知识产权密集型产业中最为集中。

⑥相对于非知识产权密集型产业的工人，知识产权密集型产业的工人更有可能：获得更高的工资，其中版权密集型产业的收入最高，其次是实用新型专利密集型产业、外观设计专利密集型产业和商标密集型产业；在大型公司（500 人以上）工作；参加雇主赞助的健康保险；参加雇主赞助的退休计划；⑤拥有学士或硕士学位；是退伍军人。

⑦知识产权密集型和非知识产权密集型行业的劳动力构成在种族、性别及教育程度等方面存在差异：实用专利密集型和版权密集型行业中，亚洲人的比例相对较高，分别占所有雇员的 11% 和 14.5%；女性在知识产权密集型行业的劳动力中占比 43.7%，低于非知识产权密集型行业所占比的 54%；知识产权密集型行业的老员工所占比例更高，占所有知识产权密集型员工的 5.3%；版权密集型产业中，拥有四年制学位的工人比例超过 70%，实用专利密集型产业中，超过一半的工人获得了四年制学位。

3.2.2 核心内容

《知识产权与美国经济：第 3 版》以 2012 年和 2016 年的版本为基础，更新了对知识产权密集型产业对美国经济重要性的认识，并重新审视了衡量这些结果所采用的方法。更新的重点仍然是衡量知识产权的使用强度，以及知识产权密集型产业与美国国内生产总值、就业和工资等经济指标的持续关系。报告中的数据更加精确，提高了识别行业内公司和新行业的准确性。

(1) 知识产权密集型产业的产值和就业

知识产权密集型产业在美国经济中扮演着重要的角色，无论是在产值（以国内生产总值GDP衡量）还是在就业方面。GDP和就业是整体经济表现的两个最重要的指标，GDP的水平和趋势反映了一个国家商品和服务的国内总产出的数量和轨迹。

根据2014—2019年的一般价格增长，对美国国内生产总值进行调整后，知识产权密集型产业的国内生产总值增长了约12%，计算后得到年增长率为2.3%。自2014年以来，版权密集型产业的国内生产总值增长率超过了其他知识产权密集型产业，其增长率为4.2%；外观设计专利密集型、公用事业专利密集型和商标密集型行业的产出年增长率在2.2%～2.6%。而2014—2019年，国内生产总值每年增长2.4%，这意味着在此期间版权密集型产业在总产出中所占的份额是唯一显著增长的。

报告将知识产权密集型产业的总就业人数分为直接就业人数和间接就业人数。直接就业指的是在知识产权密集型产业内部创造的就业机会，间接就业则是指由于知识产权密集型产业的发展而间接创造的就业机会。具体而言，直接就业涵盖了知识产权密集型产业的全部就业人数，间接就业则包括了那些依赖于知识产权密集型产业发展的非知识产权密集型产业的就业人数。2019年，知识产权密集型行业的直接就业岗位总数为4720万个，比2014年增长了约7%。其中，商标密集型产业对直接就业的贡献最大，提供4160万个就业岗位，高于2014年的3880万个，占所有知识产权密集型就业岗位的88%。版权密集型产业创造了660万个就业岗位，设计专利密集型产业直接创造了2160万个就业岗位，比2014年增加了100万个就业岗位。知识产权密集型产业也间接支持了 1550 万个就业岗位，这些工作主要分布在非知识产权密集型产业领域，提供商品和服务作为知识产权密集型产业的中间投入。

（2）考察知识产权密集型产业就业

报告使用最新的公司层面数据，通过考虑不同的知识产权密集型产业集群在工业部门中的差异，更深入地了解就业情况。报告同时考虑了这些产业集群的就业增长情况，并将其与非知识产权密集型产业的就业增长情况进行了比较，并展示了知识产权密集型就业份额在美国各州之间的差异。

对知识产权密集型就业贡献最大的部门是商标密集型产业——批发和零售贸易部门，其提供了 1130 万个就业岗位。除了制造业和批发零售业，专业服务部门也高度集中了知识产权密集型就业，这 3 个行业加起来占所有知识产权密集型就业的 68%，而非知识产权密集型行业占所有就业的 28%。实用新型专利密集型和外观设计专利密集型产业中，对制造业的重视尤为明显，而在外观设计专利密集型和商标密集型产业中，则对批发和零售贸易部门高度重视。版权密集型产业的雇员分布与其他知识产权密集型产业的雇员分布明显不同，这些雇员中 63% 在专业服务行业工作，另有 30% 在信息行业工作。

自 1989 年以来，知识产权密集型产业的就业表现为 3 个增长阶段。首先是 1989—2000 年，就业增长了大约 14%，并在 2000 年达到了第 1 个峰值。但在接下来的 10 年里，互联网泡沫破灭及 2008 年金融危机爆发，导致知识产权密集型产业就业几乎回落到 1989 年的水平。等到 2010 年，经济形势重新向好，知识产权密集型就业再次增长了 14%，成功弥补了过去 10 年间的所有损失。在此期间，版权密集型产业的就业增长最为迅速，增加了近 30% 的就业岗位，远远超过了非知识产权密集型产业 18% 的增幅。

知识产权密集型产业的就业人数在美国各州之间差异很大，16 个州和哥伦比亚特区超过了全国私营部门的平均水平（33.6%）。2019 年，知识产权密集型产业的就业排名前 5 的州分别是犹他州（37.0%）、华盛顿州（36.7%）、纽约州（35.8%）、马萨诸塞州（35.7%）和伊利诺伊州（35.5%），这些州的就业比例明显高于美国各州的平均水平。还有一些其他州的知识产权密集型就业比全国平均水平高出 3% 以上，包括新罕布什尔州、加利福尼亚州、密歇根州和威斯康星州。

（3）知识产权密集型产业的工作特点

2019 年，所有知识产权密集型产业工人的平均每周收入为 1517 美元，比其他行业工人的平均每周收入高出 60%。经济学家将这种差异称为知识产权密集型产业工人的"收入溢价"。知识产权密集型行业尤其是版权密集型行业的收入溢价一直在上升，2009 年知识产权密集型行业的收入溢价为 50%，在 2019 年稳步增长至 60%。从历史上看，从事实用新型专利和版权密集型产业的工人所享有的收入溢价高于其他两个知识产权密集型产业的工人。到 20 世纪 90 年代末，实用新型专利密集型产业的工人相对于非知识产权密集型产业的工人溢价超过 80%。互联网泡沫的破灭导致了 21 世纪初溢价的回落，但此后溢价一直稳步增长（除了金融危机期间），并在 2019 年达到 97%。与实用新型专利密集型产业相比，版权密集型产业的收益溢价趋势更为极端。在互联网泡沫破灭后，这些行业的收益相对于非知识产权密集型行业有所下降，以至于 2004 年的溢价仅为 80%。然而，在过去的 15 年里，相对收益已经恢复。因此，2019 年的收益溢价为 122%。

知识产权密集型产业和非知识产权密集型产业的工作类型和劳动力性质往往不同。知识产权密集型行业的雇主往往是大公司，支付更高的工资，并且更有可能提供附加福利，如退休和医疗保健计划。实用新型专利密集型和外观设计专利密集型产业的员工在大型企业（即 500 人以上）工作的比例最高。这在专利密集的公用事业行业尤其如此，超过 60% 为大雇主工作，商标和版权密集型产业中工人的雇主规模分布与非知识产权密集型产业的分布相似。与非知识产权密集型行业相比，知识产权密集型行业中全职就业（每周 35 小时以上）并享受雇主提供的团体健康保险的工人比例更大。同样，更多工人享受雇主提供的养老金或其他类似的退休计划。在公用事业专利密集型行业工作的人在这些类别中所占的比例最高，其中 86% 是全职工作，82% 参加了雇主赞助的团体健康计划，50% 的人在工作中参加了退休计划。

(4) 工人的特点

本节不再研究工作，而是从工人的角度出发，利用年度员工调查数据来确定知识产权密集型和非知识产权密集型工人的社会经济构成是否存在差异，同时评估不同知识产权密集型产业集群之间的这种差异。

女性和少数民族在知识产权密集型产业中的代表性不足。2019 年，在知识产权密集型产业里，妇女在劳动力中所占比例（43.7%）低于非知识产权密集型产业（54%）。这种差距在外观设计专利和实用新型专利密集型行业中最为明显。值得注意的是，退伍军人在知识产权密集型产业的工人比例（5.3%）高于非知识产权密集型产业（4.4%）。

在知识产权密集型产业中，大约 2/3 的工人是白人，其中 1/5 是亚裔或西班牙裔，1/10 是黑人或其他种族。在知识产权密集型行业中，亚裔和白人的比例往往高于其他行业。在实用新型专利密集型和版权密集型行业，亚洲人的比例相对较高，分别占所有雇员的 11% 和 14.5%。在非知识产权密集型行业中，西班牙裔和黑人的比例最高。

鉴于受教育程度与后续的收入之间存在强烈的正相关关系，我们可以预期，知识产权密集型和非知识产权密集型行业之间的受教育程度分布会有所不同。研究发现，在知识产权密集型行业中，完成至少四年本科课程的工人比例更高，为 53.6%，而非此类行业，为 36.6%。在版权密集型产业中，拥有四年制学位的工人比例尤其高，超过 70%，而在实用专利密集型产业中，超过一半的工人获得了四年制学位。设计专利密集型行业的员工大学毕业的可能性较低（约 43%），但与非知识产权密集型行业的员工相比，这些行业的员工更有可能拥有四年的大学学位。

3.2.3 历史演变

在认定知识产权密集型产业时，美国 2012 年报告认为人均知识产权拥有量高于全部产业平均水平的产业则被定义为知识产权密集型产业。2016 年报告仍沿用 2012 年的定义，区别在于对数据进行了更新，将数据考查范围扩展到 2009—2013 年。在 2012 年报告的基础上，2016 年报告共认定 81 个知识产权密集型产业,以下为不同类型知识产权密集型产业的具体组成。

(1) 专利密集型产业

2016 年报告在收集、整理 2009—2013 年相关数据后,计算了 NAICS 下各产业的专利密集度,具体计算公式为:某产业专利密集度 = 专利总数／从业人员数。最终,25 个专利密集度高于所有产业平均水平（46.20）的产业被定义为专利密集型产业,如表 3-2 所示。

表 3-2 专利密集型产业代码及名称

NAICS 代码	产业名称	NAICS 代码	产业名称
3251	基础化学制品制造业	3341	计算机及其他电子设备制造业
3253	杀虫剂、化肥和其他农业化学制品制造业	3342	通信设备制造业
3254	制药及医疗制造业	3343	音频及视频设备制造业
3255	油漆、涂料、黏合剂和密封剂生产	3344	半导体及其他电子元件制造业
3256	肥皂、清洁剂及盥洗用品业	3345	电子仪器制造业
3259	其他化学品制造业	3346	磁光记录介质制造业
3331	农业、建筑、采矿机械和设备制造业	3351	照明灯具制造业
3332	工业机械制造业	3352	家用电器制造业
3333	商业及服务行业制造业	3353	电气设备制造业
3334	工业和商用空调系统、加热和制冷的制造业	3359	其他电气设备及部件业
3335	金属加工业机械设备制造业	3391	医疗设备及用品制造业
3336	涡轮机及电力传输设备业	3399	其他制造业
3339	其他通用机械制造业		

(2) 商标密集型产业

美国在商标密集型产业认定时采用 3 种方法:一是计算商标密集度,高于样本平均值的产业为商标密集型产业；二是2009—2013年注册商标最多的50家公司，其所处的产业为商标密集型产业；三是随机抽样，任意抽出了2013年注册的194 326件中的300件，整理出每一个产业的商标登记注册数，计算各产业商标登记注册数的均值及标准差，最后将商标密集型产业定义为商标注册数大于均值加两个标准差的产业。依照上述3种方法，最终确定66个商标密集型产业，如表3-3所示。

表3-3　商标密集型产业代码及名称

NAICS代码	产业名称	NAICS代码	产业名称	NAICS代码	产业名称
2111	石油及天然气开采业	3333	商业及服务行业制造业	5151	无线电广播及电视业
2123	非金属矿产开采业	3336	涡轮机及电力传输设备业	5152	有线电视及其他订阅节目
2211	发电、输电和电力供应	3339	其他通用机械制造业	5171	电话、电报和其他有线电信
2212	天然气配送	3342	通信设备制造业	5179	其他电讯业
2361	住宅建筑业	3343	音频及视频设备制造业	5191	其他信息服务业
2372	土地供给和城市化建设	3345	电子仪器制造业	5223	信用社和储蓄
3113	糖及糖果制造业	3351	照明灯具制造	5232	证券交易所
3114	水果、蔬菜保鲜和特殊食品制造业	3359	其他电气设备及部件业	5239	其他金融投资业
3115	乳制品制造业	3369	其他交通运输设备制造业	5241	保险业
3121	饮料制造业	3371	家用及办公用家具业	5259	其他投资池、基金
3162	鞋类制造业	3391	医疗设备及用品制造业	5311	不动产租赁
3219	其他木制品制造	3399	其他制造业	5324	机械及工业、商业设备及租赁服务

续表

NAICS代码	产业名称	NAICS代码	产业名称	NAICS代码	产业名称
3231	印刷及其辅助业	4234	商业设备批发业	5331	非金融无形资产租赁业
3251	基础化学制品制造业	4236	电气和电器产品	5416	管理及技术咨询业
3252	树脂、橡胶和人造纤维业	4244	杂货及相关产品批发业	5418	广告及相关活动
3253	杀虫剂、化学和其他农业化学制品制造业	4451	杂货销售业	5419	其他专业、科学及技术服务
3254	制药及医药制造业	4521	百货公司	5619	商务等配套服务
3256	肥皂、清洁剂及盥洗用品业	4541	电子购物及邮购业	6214	门诊服务中心
3261	塑料产品制造业	4885	货运中介服务	6215	医疗和诊断实验室
3279	其他非金属矿产产品	5111	报纸、书刊及手册出版业	6219	流动诊所、健康服务
3314	有色金属行业除铝	5112	软件出版业	7132	博彩业
3332	工业机械制造业	5121	电影及视频业	8134	民间、社会组织

（3）版权密集型产业

版权密集型产业的认定方法是建立在 WIPO "关于测量基于版权的产业的经济贡献"的基础上，即创造和生产版权相关产品的产业。最终确定 13 个版权密集型产业，如表 3-4 所示。

表 3-4 版权密集型产业代码及名称

NAICS 代码	产业名称	NAICS 代码	产业名称
5111	报纸、书刊及手册出版业	5414	专业设计服务业（视觉及平面艺术）

续表

NAICS 代码	产业名称	NAICS 代码	产业名称
5112	软件出版业	5415	计算机系统设计及其辅助业（软件与数据库）
5121	电影及视频业	5418	广告公关及相关服务业
5122	录音产业	5419	其他专业、科学及技术服务业（摄影与翻译）
5151	无线电广播及电视业	7111	艺术表演业
5152	有线电视及其他订阅节目	7115	独立艺术家、作家及表演家
5191	其他信息服务业（新闻集团与因特网）		

在所有81个知识产权密集型产业中，商标密集型产业占绝大多数，达到66个。不同类型的知识产权密集型产业间存在交集，有15个产业同时为专利和商标密集型产业，8个产业同时为商标和版权密集型产业。此外，也有部分产业只属于某一类型的知识产权密集型产业，如有43个产业只属于商标密集型产业、10个产业只属于专利密集型产业、5个产业只属于版权密集型产业。

在前两版中着重将知识产权密集型产业进行细分，并对各产业进行详细介绍，而对知识产权密集型产业对美国经济影响的分析较少。相比之下，第3版则着重描述知识产权密集型产业对美国经济的重要性，以及衡量知识产权密集型产业与美国国内生产总值、就业和工资等经济指标的持续关系。

3.2.4　经济贡献测算及结论

知识产权密集型产业在美国经济中扮演着重要的角色，无论是在产出（以国内生产总值衡量）还是在就业方面。从图3-1中可以看出，2019年知识产权密集型产业增加值为7.76万亿美元（各知识产权类型的总和不等于总数，因为一家公司可以同属多种类型，因此会出现交叉分类）。其中，商标密集型产业增加值为6.91万亿美元；实用专利密集型和外观专利密集型增加值分别为4.43万亿美元和4.46万亿美元；版权密集型产业在美国经济活动中所占比例较小，总额约为1.29万亿美元。

3 国际知识产权产业相关研究

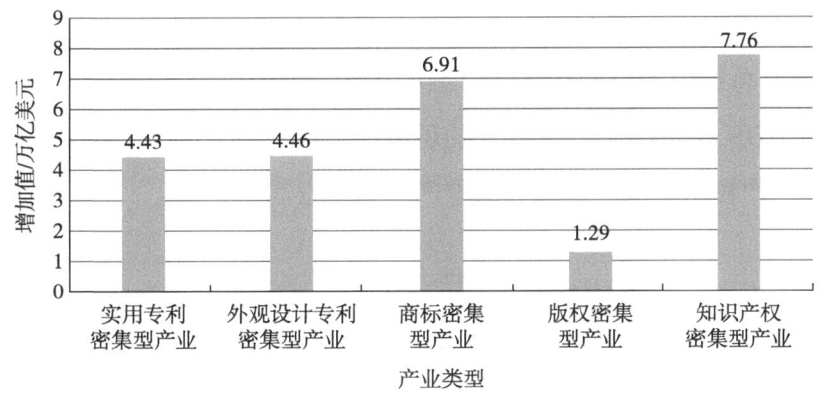

图 3-1　2019 年美国知识产权密集型产业增加值

作为美国经济的重要就业来源，2022 年报告将知识产权密集型产业的总就业人数分为直接就业和间接就业。直接就业包括知识产权密集型行业的全部就业人数，而间接就业包括了那些依赖于知识产权密集型产业发展的其他行业所创造的就业岗位。从图 3-2 可以看出，2019 年美国知识产权密集型产业的直接就业人数达到 4721 万人。其中商标密集型产业对直接就业的贡献最大，提供了 4163 万个直接就业岗位，占所有知识产权密集型就业岗位的 88%。知识产权密集型产业也间接支持了 1548 万个就业岗位，具体来看仍然是商标密集型产业贡献最大，贡献了 1480 万个间接就业岗位。

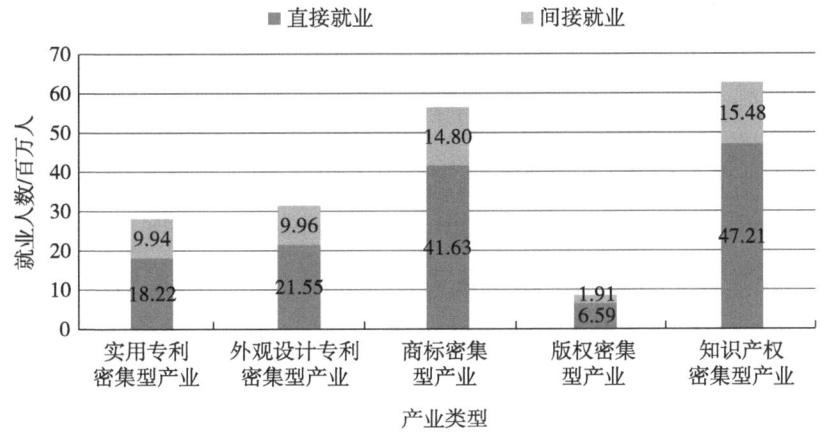

图 3-2　2019 年美国知识产权密集型产业支持的就业

39

为了体现知识产权密集型产业对经济的贡献，报告估计了它们在美国GDP和就业总量中的份额，具体份额如图 3-3 所示。可以看到，知识产权密集型产业 GDP 在美国经济中所占的份额为 41%，高于就业所占的份额 33%，这说明知识产权密集型产业的劳动生产率水平很高。

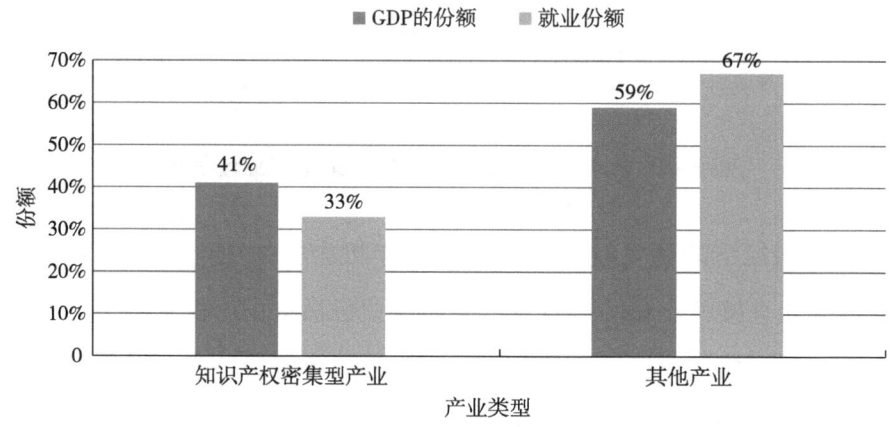

图 3-3　2019 年美国知识产权密集型产业经济贡献

3.3 欧盟关于知识产权密集型产业的研究

3.3.1 研究背景

创新是欧盟及其成员国，以及许多其他国家采用的增长战略的关键组成部分。其目的是促进经济竞争力的提升和就业率的提高。这一目标的实现取决于几个因素，但鉴于知识产权在整个经济中鼓励创造和创新的能力，有效的知识产权制度无疑是最重要的因素之一。为了向决策者和公众提供准确的信息，欧盟知识产权局（European Union Intellectual Property Office，EUIPO）和 EPO 联合发布了《知识产权密集型产业及其在欧盟的经济表现》。该报告旨在对知识产权密集型产业对欧盟经济的贡献进行研究，以反映欧盟成员国知识产权密集型产业发展的特点，分析知识产权密集型产业对促进欧盟经济繁荣、提高欧盟竞争力的影响，并为成员国的政策制定者提供决策的依据。该报告目前已经发布了 4 版。首次发布于 2013 年，量化了知识产权密集型产业对欧盟经济的贡献，随后又发布了2016年版本，之后在2019年进行第2次更新，在此期间，知识产权密集型产业对欧洲的GDP、就业和贸易变得更加不可或缺[45-47]。关于知识产权在支持创新和创造方面的作用必须以可靠的证据为基础，为了维护研究的持久价值，2022年发布了第4版报告，其中包含了新的元素，提供了对欧洲知识产权产业状况的改进概述。报告不仅考察了欧盟的对外贸易，还分析了欧盟成员国之间在知识产权密集型商品和服务方面的贸易，凸显了知识产权在推动欧盟经济一体化成功中的重要作用。

2022版在结构上可以分为6个部分：第一部分（第1章）对专利密集型产业、商标密集型产业、外观设计密集型产业、版权密集型产业、地理标志密集型产业及植物品种权密集型产业这6类知识产权密集型产业进行了回顾，并将其主要特征进行概括总结。第二部分（第2章）主要介绍研究方法，说明了研究数据的来源和选择标准，6种知识产权密集型产业的认定，以及研究所存在的局限性。第三部分（第3~4章）介绍了欧盟层面知识产权密集型产业，并从就业、国内生产总值及贸易这3个方面分析了知识产权密集型产业对欧盟经济的影响，并对单一成员国展开分析。第四部分（第5章）介绍了欧盟内部知识产权的起源，以及在单一市场内知识产权所创造的就业机会。第五部分（第6章）主要聚焦气候变化减缓技术及绿色欧盟商标，具体分析这两类技术的趋势及其对欧盟经济的贡献。第六部分（第7~10章）更新了知识产权密集型产业清单，并对数据、产业界定及行业范围等进行了补充说明。

在2022年版本中，主要发现如下。

① 目前欧盟经济中有357个知识产权密集型产业，而之前（2019年）的研究确定了353个。其中，有229个行业（64%）拥有多项知识产权。

② 2017—2019年，知识产权密集型产业创造了欧盟29.7%的就业机会，高于2014—2016年的28.9%（根据研究方法的微小差异进行了调整）。在此期间，它们在欧盟平均雇用了6100万人，并在为知识产权密集型产业提供商品和服务的行业中创造了2000万个就业岗位。如果考虑到间接就业岗位，与知识产权相关的就业岗位总数将增加到8200万个（39.4%）。

③ 2017—2019年，知识产权密集型产业占欧盟GDP的47%以上，价值6.4万亿欧元。它们在欧盟与世界其他地区贸易中也占据了大部分份额，并产生了2240亿欧元的贸易顺差，从而有助于保持欧盟对外贸易的总体平衡。

④知识产权密集型产业对欧盟内部市场的运作作出了重要贡献。它们占欧盟内部贸易的75%以上。其中，德国、法国、意大利和荷兰等国在创造新的知识产权方面处于领先地位，同时包括匈牙利、波兰和爱沙尼亚在内的其他国家也从知识产权密集型产业内部的劳动分工中受益匪浅。欧盟成员国共有近700万个与知识产权相关的工作岗位是由其他成员国的公司创造的，在一些国家，这些工作岗位在知识产权密集型产业中所占比例超过30%。

⑤知识产权密集型行业的工资水平明显高于其他行业，其工资溢价高达41%。这与知识产权密集型产业的人均增加值高于其他经济领域的事实是一致的。

⑥与2019年版报告相比，2022版在考虑了知识产权密集型产业清单更新的基础上发现，知识产权密集型产业对欧盟经济的贡献比例有所提升。

⑦在知识产权密集型产业中，近年来从事CCMT开发和绿色商标相关产业的经济权重有所上升。2017—2019年，气候变化缓解技术专利和绿色商标占欧盟就业的9.3%和GDP的14.0%，是欧盟对外贸易活动的重要组成部分。

⑧关于知识产权密集型产业对就业和GDP的贡献，冰岛、挪威、瑞士和英国给出了比较的结果。在对就业的贡献方面，挪威、瑞士和英国低于欧盟平均水平，冰岛与欧盟平均水平相当。对GDP的贡献，挪威高于欧盟平均水平，但低于其他3个国家。

3.3.2　核心内容

2022版在之前版本的基础上，采用相同的知识产权密集型产业认定方法，对知识产权密集型产业进行了更新。研究全面评估了工业密集型产业对欧洲经济的贡献，重点关注GDP、就业和对外贸易，着眼于绿色商标、专利、外观设计、版权、地理标志和植物品种权。研究表明，那些与劳动力规模相关的欧盟行业对这些权利的使用情况高于平均水平,量化了这些行业在欧盟整体经济和每个成员国经济中的权重。此外,研究还包括冰岛、挪威、瑞士和英国的信息。

(1) 知识产权及其在经济中的作用

专利权促进技术进步、创新和社会福利有两种主要方式:创造创新的激励;促进新知识的传播和增值。专利以申请人使用或销售专利发明的专有权("奖励功能")的形式,为创新提供私人奖励,从而推动创新。创新最终会产生新的知识,如果这些知识不受保护,竞争对手可能会以很少或没有成本的方式利用它,从而降低发明者的回报,使他们不再有创新的动力。专利所赋予的排他性法律权利为从事创新活动提供了充分的激励,有助于降低这种风险。"契约功能"阐释了专利在经济中起作用的第二种主要方式:它们授予发明者对某项发明的专有权,国家和各国专利局、欧洲专利局和世界知识产权组织向公众提供专利文件,促进了技术信息的传播,其他人可以利用这些信息来制定其他新颖的解决办法,为社会创造额外的价值。

一个受绿色商标保护的品牌,会给消费者一个信号,从而使消费者联想到该品牌。因此,商标提供了一种激励,促使人们开发和保持独特的产品特征,并创造有关这些特征的信息,以提高市场透明度。创造这些信息并建立绿色商标传达的声誉,需要在产品质量、服务及广告方面进行大量投资。如果在没有法律保护的情况下,竞争对手进行模仿时付出的成本会更低,那么商家就不再有足够的动力来进行这种高质量的投资。

注册设计权利人对其设计享有专有权,可以阻止任何第三方使用,在欧盟注册外观设计所赋予的权利最长可适用25年。外观设计注册对经济的影响主要建立在促进创新的理念上。新设计的产生是一项创造性活动,需要大量的时间、技能和劳动力投入,如果没有专有权,任何一方都可以对创意设计进行复制并使用它直接与原创作者竞争。通过提供法律机制来保护新设计,会保障原创作者的利益,最终会增加对设计生产和创造性工作的投资。

欧盟版权保护的有效期为作者的生前和逝世后70年,演出、录像或广播等的相关权利保护期为自被出版或传播给公众之日起 50 年。2011 年起在某些条件下，欧盟表演者和录音制品制作者的相关权利期限可以从 50 年延长至 70 年。版权对经济的影响是复杂的，反映了创作者、发行商、表演者和消费者之间利益的各种权衡，以及短期与长期影响之间的权衡。该制度的总体目标是确保创作者和其他权利人获得适当报酬（从而保证社会上最优的创造性活动水平），同时向公众提供对创造性作品的广泛访问机会，并使其他创作者能够在先前作品的基础上进行创作。

地理标志的使用可以证明产品具有一定的质量，是按照传统方法制造的，或者由于其地理来源而享有一定的声誉。在欧盟，地理标志主要用于农业、食品和饮料部门，本研究仅聚焦于这些领域的地理标志。就其经济功能而言，地理标志和绿色商标都具有解决卖家和买家之间信息不对称的基本功能，并通过证明产品的原产地和制造方法来帮助消费者降低搜索成本，具体就反映在消费者往往愿意支付地理标志产品溢价这一点上。

植物品种权或植物育种者权利是一种独立的、独特的知识产权形式，专门用于保护新的植物品种。在欧盟，大多数物种的保护期为 25 年，而藤本植物、树木和马铃薯品种的保护期为 30 年，并且法律规定权利所有人可以对任何侵犯欧盟植物品种权的人提起民事诉讼。植物品种权或植物育种者权利的经济原理与专利相似，也就是在激励创新的同时促进知识在整个经济中的传播。

不同类型知识产权的主要特征总结如表 3-5 所示。

表 3-5　不同类型知识产权的主要特征

	内容	产权的获得	授予的权利	持续时间
专利密集型产业	发明（技术问题的解决方案）	专利局进行审查，然后授权和生效	制造、使用和销售专利发明的专有权	通常自申请之日起 20 年，需每年支付续期费
外观设计密集型产业	外观：一件物品或产品或其部分和/或其装饰的外观	外观设计注册由知识产权局审查。对于未注册的外观设计，通过披露行为自动获得	使用其外观设计，并防止任何第三方未经权利人同意而使用	注册外观设计的最长使用期限为 25 年

续表

	内容	产权的获得	授予的权利	持续时间
商标密集型产业	识别某些商品或服务并将其与其他企业区分开来的独特标志	经注册的绿色商标，由知识产权局审查	在贸易中使用绿色商标的专有权	对于已注册的绿色商标，通常从提交申请起10年，但可以在支付费用后无限期续期
版权密集型产业	艺术、文学、戏剧、音乐、摄影和电影作品；地图和技术图纸；计算机程序和数据库	创造后自动形成	复制、向公众传播，包括向公众提供作品、发行、出租、转售、翻译、改编、公开表演	对于作者来说，作者的一生加上70年。对于表演者，为自首次公开演出、固定、出版或传播之日起70年
地理标志密集型产业	原产于特定地理区域的产品，其质量或声誉与其地理环境或原产地有关	由国家当局（取决于国家）进行检查，然后由欧盟委员会进行检查	将可比产品商业化并防止模仿、滥用或仿造	不确定；不需要续签
植物品种权密集型产业	植物品种	由欧盟植物品种局（CPVO）选择的审查机构进行审查，然后授予	将受保护的植物品种商业化的专有权	对于大多数植物品种，保护期为25年；藤本植物、树木和马铃薯的保护期为30年，需缴纳年费

（2）知识产权密集型产业对欧盟经济的贡献

2017—2019年，欧盟27国平均每年约有2.07亿人就业，其中知识产权密集型产业在欧盟提供了超过6100万个就业岗位，占总就业人数的29.7%。这些工作岗位中有21%以上来自商标密集型行业，13%来自外观设计密集型行业，11%来自专利密集型行业，6%来自版权密集型行业，而地理标志密集型和植物品种权密集型产业比重较小。除了直接就业外，知识产权密集型产业还在非知识产权密集型产业中创造就业机会，这些非知识产权密集型产业主要是提供商品和服务。欧盟经济中这种由知识产权密集型产业产生的间接就业有

2000万个岗位,如果把这些额外的工作考虑在内,那么有8160万个工作岗位(占欧盟所有工作岗位的39.4%)直接或间接与知识产权密集型产业相关。

GDP是衡量经济活动最常见的指标,2017—2019年,欧盟年均GDP总额约为13.5万亿欧元,其中欧盟47%以上的经济总产出来自知识产权密集型产业。商标密集型产业对GDP的贡献率为38.5%,而设计密集型产业和专利密集型产业对GDP的贡献率分别为15.5%和17.4%,版权密集型产业(6.9%)、专利技术密集型产业和地理标志密集型产业的贡献率较小。2022版与2019版的研究结果比较发现,2017—2019年知识产权密集型产业对欧盟经济的贡献高于2014—2016年。

从数据上看,欧盟进出口的绝大部分都是知识产权密集型产品,贸易的主要领域是知识产权密集型产业。2017—2019年,欧盟整体年度贸易顺差约为2940亿欧元,占GDP的2.2%。其中,知识产权密集型产业贸易顺差2240亿欧元,占欧盟整体年度贸易顺差的3/4以上。除了在欧盟与世界其他地区的贸易中占很大份额外,知识产权密集型产业在欧盟成员国之间的贸易中所占的份额也很高,而且还在不断增长。2008—2019年,欧盟内部贸易增长了38%,而欧盟内部知识产权密集型产业贸易增长了46%。

知识产权密集型产业的报酬确实高于非知识产权密集型产业。知识产权密集型行业的平均周薪为840欧元,而非知识产权密集型行业的平均周薪为597欧元,两者相差40.7%。这种"工资溢价"在商标密集型产业中为40%,在设计密集型产业中为34%,在专利密集型产业中为65%,在版权密集型产业中为49%。研究发现,工资溢价有所下降,这反映出在2014—2019年,非知识产权密集型产业的工资增长强劲,这同时还受到了英国脱欧的影响(在英国,以欧元衡量的非知识产权密集型产业的平均工资在同一时期有所下降,因此从欧盟28国转移到欧盟27国,降低了与知识产权密集型产业相关的工资溢价,其他条件相同)。但总体来说,专利密集型和版权密集型行业产生了最高的工资溢价。

(3)减缓气候变化技术和绿色欧盟商标

研究发现,2013—2017年欧洲专利总数中有10.4%与CCTM相关(2019

年的研究为9.4%，2016年的研究为5.9%）。虽然CCMT专利在许多NACE类别中使用，但大多数集中在相对较少的类别，超过23%的CCMT专利只属于3个NACE类。2017—2019年，CCMT专利和绿色商标密集型产业占欧盟总就业人数的9.3%。与之前的研究相比，这些行业对就业的贡献在逐年缓慢但稳定地增长，从2008—2013年的8.9%到2014—2016年的9.0%，再到2017—2019年的9.3%。CCMT专利密集型产业对欧盟GDP的贡献率为14.0%，远高于其对欧盟就业的贡献率。这显示了这类行业劳动生产率水平较高。

研究发现，近期CCMT专利密集型产业的GDP增长和就业增长均比绿色商标密集型产业更具活力。从就业情况来看，捷克2017—2019年的就业占比为15.8%，其次是德国和斯洛伐克，分别为12.8%和12.0%。从GDP占比角度来看，捷克2017—2019年为21.2%、德国为19.4%、匈牙利为18.9%，这3个国家是此类行业对其GDP贡献最大的成员国。

2017—2019年，CCMT专利和绿色知识产权密集型产业的平均周薪为959欧元，比所有知识产权密集型产业的平均周薪高出14.2%，比非知识产权密集型产业的平均周薪高出60.7%。同时，研究也显示了CCMT专利和绿色商标密集型产业对欧盟对外货物和服务贸易的重要性。这些行业在欧盟出口中所占的份额几乎达到40%，远高于它们对欧盟GDP或就业的贡献；在欧盟进口中所占的份额为43.3%，这些行业是欧盟经济竞争优势的重要来源。

3.3.3　历史演变

2013年9月发布的《知识产权密集型产业对欧盟经济及就业的贡献》依据欧盟成员国的数据，定义并分类了欧盟层面的知识产权密集型产业，并对2008—2010年知识产权密集型产业对欧盟经济的总体影响进行了量化和评估。2016年10月发布的第2份报告《知识产权密集型产业及其在欧盟的经济表现》，对第1份研究报告的数据进行了更新，增加了克罗地亚的数据，新增了植物品种权对欧盟经济影响的数据分析，并专门分析了CCMT密集型产业的经济特征。2019年9月发布的第3份报告《知识产权密集型产业及其在欧盟的经济表现》是根据2014—2016年的数据进行的更新，并据此详细分析了知识产权密集型产业对 GDP、就业、薪资和贸易方面的贡献。为保持连贯性，第 3 版报告与此前的两份报告采用了相同的研究方法，并引入了第 4 次工业革命相关的新内容，以阐述数字化转型在众多行业中的深远影响。2022 年发布了第 4 版报告，本次报告更新了知识产权密集型产业数据库匹配及相关行业清单。其次，该报告与欧洲及其他地区决策者当前关注的焦点相匹配，专门针对 CCTM 和商标的经济重要性，在其商品和服务规格中包含了与环境和可持续性相关的术语。

第 4 版的报告在前几版的基础上，更新了知识产权密集型产业的数量，从 2019 年的 353 个增加到 357 个，以下为更新后不同类型知识产权密集型产业的具体组成。

（1）专利密集型产业

报告首先计算各行业的专利绝对强度，再利用各行业的就业数据，计算出每个行业的专利相对强度，最终，2022 版报告将每 1000 名雇员的专利数量高于总体平均值的产业定义为专利密集型产业（149 个），详细目录如表 3-6 所示。

表 3-6 专利密集型产业

NACE 代码	产业名称	NACE 代码	产业名称
77.40	知识产权的租赁（版权著作除外）	72.11	生物技术的研发
26.30	通讯设备制造	23.11	平板玻璃的制造
28.91	冶金机械制造	28.11	发动机和涡轮机制造
72.19	其他自然科学和工程方面的研究和试验发展	28.23	办公机械设备制造（电脑及周边设备除外）
26.11	电子元件制造	27.51	家用电器的制造
20.11	工业气体的制造	30.99	其他运输设备的制造
22.11	橡胶轮胎和胶管的制造；翻新和重建橡胶轮胎	28.94	纺织、服装和皮革生产用机械制造
26.60	制造辐照、电子医疗和电疗设备	26.70	光学仪器和摄影设备的制造
23.43	陶瓷绝缘子和绝缘配件的制造	28.95	造纸及纸板机械制造

续表

NACE 代码	产业名称	NACE 代码	产业名称
28.30	农业和林业机械制造	24.34	冷拔线材
25.72	锁和铰链的制造	24.45	其他有色金属生产
21.10	基本药品的生产	28.99	其他专用机械的制造
30.40	军用战车的制造	26.20	计算机和外围设备的制造
28.93	食品、饮料和烟草加工机械制造	46.52	电子和电信设备及零件批发
27.40	电气照明设备的制造	06.10	原油开采
30.30	航空和宇宙飞船及有关机械的制造	28.15	轴承、齿轮、传动装置和驱动元件的制造
20.59	其他化工产品的制造	28.49	其他机床的制造
29.32	汽车其他零件和附件的制造	23.44	其他技术陶瓷产品的制造
20.16	初级塑料的制造	28.13	其他泵和压缩机的制造
21.20	药物制剂的制造	32.99	其他制造业新产品
20.51	炸药的制造	27.90	其他电气设备的制造
28.14	其他水龙头和阀门的制造	32.50	医疗和牙科器械及用品的制造
10.62	淀粉和淀粉制品的制造	20.42	香水和盥洗用品的制造
23.14	玻璃纤维的制造	09.10	支持石油和天然气开采活动
23.19	其他玻璃的制造和加工,包括技术玻璃器皿	25.30	蒸汽发生器的制造(中央供热热水锅炉除外)
28.92	采矿、采石和建筑机械制造	29.31	汽车电气和电子设备制造
28.29	其他通用机械的制造	32.30	体育用品制造
26.40	消费电子产品的制造	30.91	摩托车制造
30.92	制造自行车和残疾人马车	28.96	塑料和橡胶机械制造
12.00	烟草制品制造	47.42	在专门商店零售电信设备
28.41	金属成型机械的制造	10.86	均质食品制剂和营养食品的制造
28.22	起重和搬运设备的制造	30.20	铁路机车和机车车辆的制造
45.19	其他机动车辆的销售	20.60	人造纤维的制造
28.21	烘炉、熔炉及熔炉燃烧室制造	20.20	农药和其他农化产品的制造
74.90	其他专业、科学和技术活动	20.52	胶水的制造
20.17	初级合成橡胶的制造	20.13	其他无机基础化学品制造

续表

NACE 代码	产业名称	NACE 代码	产业名称
73.20	市场研究和民意调查	25.73	工具制造
17.24	墙纸制造	20.14	其他有机基础化学品的制造
46.43	家用电器批发	27.20	电池和蓄电池的制造
27.12	配电和控制设备的制造	22.22	塑料包装制品的制造
33.20	工业机械和设备的安装	35.21	气体的制造
13.95	非织造布及由非织造布制成的物品的制造，服装除外	23.69	其他混凝土、灰泥和水泥制品的制造
10.42	人造黄油及类似食用脂肪的制造	28.12	流体动力设备的制造
71.12	工程活动和相关的技术咨询	27.33	配线装置的制造
27.11	电动机、发电机和变压器的制造	25.40	武器和弹药的制造
72.20	社会科学和人文科学的研发	23.99	其他非金属矿产品的制造
26.52	钟表的制造	61.90	其他电信活动
25.93	金属丝制品、链条和弹簧的制造	46.46	药品批发
17.12	纸和纸板的制造	23.20	耐火制品制造
23.49	其他陶瓷制品的制造	28.25	非家用冷却和通风设备的制造
25.94	紧固件和螺丝机械产品的制造	25.71	餐具的制造
20.30	油漆、清漆和类似涂料、油墨和塑料的制造	46.64	纺织工业和缝纫及针织机械的批发
22.29	其他塑料产品的制造	29.10	机动车辆的制造
27.32	其他电子、电线和电缆的制造	46.14	机械、工业设备、船舶和飞机销售代理
24.41	贵金属生产	22.19	其他橡胶制品的制造
25.99	其他金属制品的制造新规	26.80	磁性和光学介质的制造
20.12	染料和颜料的制造	22.21	塑料板材、薄板、管材和型材制造
08.91	化学和肥料矿物的开采	35.11	电力生产
24.42	铝生产	45.31	汽车零件及配件批发贸易
28.24	电动手动工具制造	33.16	飞机和航天器的修理和保养

续表

NACE 代码	产业名称	NACE 代码	产业名称
20.41	肥皂、洗涤剂、清洁及抛光剂制造	17.22	家庭用品、卫生用品及盥洗用品的制造
46.69	其他机械和设备的批发	42.91	水利工程建设
10.83	茶叶和咖啡的加工	46.75	化工产品批发
13.94	细绳索、粗绳索、麻线和网的制造	30.11	船舶及浮式构筑物建造
32.91	扫帚和刷子的制造	13.96	其他工业用纺织品制造
23.91	磨料制品的生产	13.99	其他纺织品制造
29.20	机动车辆车身的制造；挂车和半挂车的制造	24.20	钢制管、管、空心型材及相关配件的制造
24.32	窄带钢的冷轧	24.46	核燃料的加工
25.21	中央供暖散热器和锅炉的制造	22.23	塑料建筑用品的制造
24.31	棒材冷拔	07.10	铁矿石开采
58.29	其他软件发布	13.93	地毯和垫子的制造
26.12	加载电路板的制造	07.29	其他有色金属矿石的开采
25.12	金属门窗制造	35.12	电力传输
17.29	其他纸、纸板制品制造	68.10	自有房产买卖
26.51	测量、试验和航海用仪器和器具的制造		

（2）商标密集型产业

报告通过计算绝对商标密集度和相对商标密集度，将每 1000 名雇员的商标数量高于总体平均数的行业定义为商标密集型产业。最终，2022 版报告确定了 273 个商标密集型产业，详细目录见表 3-7。

表 3-7 商标密集型产业

NACE 代码	产业名称	NACE 代码	产业名称
77.4	知识产权和类似产品的租赁，版权作品除外	72.11	生物技术研究与实验发展
11.04	其他非蒸馏发酵饮料的制造	58.21	电脑游戏的出版

续表

NACE 代码	产业名称	NACE 代码	产业名称
17.24	墙纸的制造	10.86	均质食品制剂和营养食品的制造
77.40	知识产权的租赁，版权作品除外	72.11	生物技术的研发
26.80	磁性和光学介质的制造	30.99	其他运输设备的制造新标准
11.01	蒸馏、精馏和混合烈酒	20.42	香水和盥洗用品的制造
11.02	用葡萄酿造葡萄酒	32.99	其他制造业
21.10	基本药品的制造	63.12	门户网站
32.40	游戏和玩具制造	59.20	录音和音乐出版活动
32.30	体育用品制造	23.43	陶瓷绝缘体和绝缘配件制造
26.52	钟表制造	10.89	其他食品制造
59.13	电影、录像和电视节目发行活动	14.19	其他穿戴服装和配饰的制造
58.19	其他出版活动	20.20	杀虫剂和其他农化产品的制造
58.29	其他软件出版	46.41	纺织品的批发
10.42	人造黄油和类似食用脂肪的制造	18.11	报纸印刷
20.59	其他化学产品制造	46.42	服装和鞋类批发
46.49	其他家庭用品批发	30.92	自行车和残疾人马车制造
08.99	其他采矿和采石业	11.03	苹果酒和其他果酒制造
46.45	香水和化妆品批发	47.91	通过邮购店或互联网零售
12.00	烟草制品制造	63.99	其他信息服务活动
06.10	原油的提取	11.06	麦芽制造
46.37	咖啡、茶、可可和香料的批发	30.91	摩托车制造
10.92	预制宠物食品的制造	14.11	皮衣制造
20.41	肥皂和洗涤剂、清洁和抛光制剂的制造	46.16	从事纺织品、服装、毛皮、鞋类和皮革制品销售的代理
46.48	手表和珠宝批发	10.83	茶叶和咖啡加工
11.05	啤酒制造	26.40	消费电子产品制造
59.11	电影、录像和电视节目制作活动	62.09	其他信息技术和计算机服务活动

续表

NACE 代码	产业名称	NACE 代码	产业名称
26.60	制造辐照、电子医疗和电疗设备	46.34	饮料批发
10.73	制造通心面、面条、粗麦粉和类似的淀粉制品	72.19	自然科学和工程方面的其他研发
20.52	胶水制造	58.11	图书出版
13.99	其他纺织品制造新技术	46.75	化工产品批发
20.30	油漆、清漆和类似涂料、油墨和乳剂的生产	11.07	软饮料的生产；生产矿泉水及其他瓶装水
46.38	批发其他食品，包括鱼类、甲壳类及软体动物	13.95	非织造布及非织造布制品的制造（服装除外）
26.70	光学仪器和摄影设备制造	77.35	航空运输设备租赁
24.41	贵金属生产	82.30	组织会议和贸易展览
10.32	水果和蔬菜汁制造	68.10	买卖自己的房地产
62.01	计算机编程活动	08.91	开采化学和化肥矿物
25.71	制造餐具	26.20	计算机及周边设备的制造
20.15	肥料及氮化合物的制造	74.90	其他专业、科学和技术活动
18.20	记录介质的复制	46.47	家具、地毯和照明设备批发
46.90	非专业批发贸易	20.11	工业气体制造
21.20	医药制剂制造	28.93	食品、饮料和烟草加工机械制造
46.11	农业原料、活体动物、纺织原料、半成品销售代理	46.14	机械、工业设备、船舶和飞机销售代理
10.91	农用动物配制饲料制造	07.10	铁矿石开采
46.43	家电批发	74.10	专业设计活动
20.53	精油制造	31.03	床垫制造
72.20	社会科学和人文科学的研发	70.21	公共关系和传播活动
27.40	电气照明设备制造	46.18	专门销售其他特定产品的代理商
27.51	家用电器制造	10.84	调味品及调味料的制造
28.99	其他专用机械制造等	26.30	通讯设备的制造
46.46	药品批发	20.60	人造纤维的制造

续表

NACE 代码	产业名称	NACE 代码	产业名称
13.94	细绳索、粗绳索、麻绳及网的制造	46.52	电子和电信设备及部件的批发
46.44	瓷器和玻璃器皿及清洁材料的批发	46.17	从事食品、饮料及烟草销售的代理商
23.11	平板玻璃的制造	28.91	冶金机械制造
61.90	其他电信活动	14.12	工作服制造
10.82	可可、巧克力和糖果的制造	46.76	其他中间产品批发
09.10	石油和天然气开采的支持活动	35.21	气体制造
58.14	期刊出版	27.90	其他电气设备的制造
32.12	珠宝及相关物品的制造	63.11	数据处理、托管和相关活动
58.12	出版目录和邮寄名单	10.41	油脂制造
23.49	其他陶瓷产品的制造	70.22	商业和其他管理咨询活动
23.69	其他混凝土、灰泥和水泥制品制造	46.15	从事家具、家居用品、五金和五金制品销售的代理
13.20	纺织品的编织	32.50	医疗、牙科仪器及用品制造
79.90	其他预订服务及相关活动	26.11	电子元件制造
46.35	烟草制品批发	24.45	其他有色金属生产
32.20	乐器制造	10.52	冰淇淋制造
92.00	赌博及博彩活动	32.11	铸造硬币
26.51	测量、测试及导航仪器和器具的制造	59.12	电影、录像和电视节目后期制作活动
32.91	扫帚和刷子的制造	46.22	花卉批发
10.61	谷物磨制品的制造	46.39	食品、饮料和烟草的非专业批发
13.93	地毯和垫子的制造	25.21	中央暖气散热器和锅炉的制造
60.10	无线电广播	13.10	纺织纤维的制备和纺纱
13.96	其他技术和工业纺织品的制造	28.21	烘炉、熔炉及熔炉燃烧室的制造
17.22	家庭用品、卫生用品及盥洗用品的制造	28.23	办公机械和设备（计算机和外围设备除外）的制造
28.14	其他水龙头和阀门的制造	23.99	其他非金属矿产品的制造新标准

续表

NACE 代码	产业名称	NACE 代码	产业名称
25.72	锁和铰链的制造	46.19	代理从事各种商品的销售
46.13	从事木材和建筑材料销售的代理	17.29	其他纸和纸板制品的制造
46.36	糖、巧克力和糖果的批发	23.41	陶瓷家居及装饰用品制造
46.74	五金、管道和加热设备及用品批发	23.19	其他玻璃（包括技术玻璃器皿）制造及加工
73.11	广告代理	13.92	纺织制成品（服装除外）制造
46.65	办公家具批发	32.13	仿制珠宝及相关物品制造
28.95	造纸及纸板机械制造	45.31	汽车零件和附件的批发贸易
27.20	电池和蓄电池的制造	28.29	其他通用机械制造
10.72	木屑和饼干制造；腌制糕点和蛋糕的制造	46.33	乳制品、鸡蛋、食用油及脂肪批发
35.12	电力传输	14.31	针织及钩编制造
24.34	冷拔线材	15.20	鞋类制造
47.51	在专营店纺织品零售	46.69	其他机械及设备批发
23.44	其他技术陶瓷制品的制造	23.14	玻璃纤维制造
20.12	染料和颜料的制造	47.29	在专营店其他食品零售
15.12	箱包、手袋及类似物品、鞍具和马具的制造	46.12	从事燃料、矿石、金属和工业化学品销售的代理
23.62	建筑用石膏制品的制造	20.17	初级合成橡胶的制造
10.39	水果和蔬菜的其他加工和保存	20.16	初级塑料的制造
10.62	淀粉及淀粉制品的制造	25.99	其他金属制成品的制造
14.20	毛皮制品的制造	50.10	海上和沿海水上客运
46.31	水果和蔬菜批发	82.91	催收机构和征信机构的活动
22.29	其他塑料制品制造	79.12	旅游经营者的活动
46.64	纺织工业机械批发、缝纫及针织机械批发	22.11	橡胶轮胎和胶管的制造；翻新及重建橡胶轮胎
79.11	旅行社活动	28.49	其他机床的制造
23.91	磨料产品生产	73.20	市场调查和民意调查
73.12	媒体代表	25.73	工具的制造
30.12	娱乐船和运动船的制造	17.12	纸和纸板的制造

续表

NACE 代码	产业名称	NACE 代码	产业名称
14.39	其他针织和钩编服装的制造	13.91	针织和钩编织物的制造
45.40	摩托车及有关零件和附件的销售、保养及修理	08.11	装饰石和建筑石、石灰石、石膏、白垩和板岩的采石
22.21	塑料板、片、管和型材的制造	61.30	卫星通信活动
28.13	其他泵及压缩机的制造	19.20	精炼石油产品的制造
46.32	肉类及肉制品的批发	23.42	陶瓷卫生装置的制造
23.65	纤维水泥的制造	47.43	在专门商店零售音频和视频设备
46.21	谷物、未加工烟草、种子和动物饲料批发	46.71	固体、液体和气体燃料及相关产品的批发
62.03	计算机设施管理活动	41.10	建筑项目开发
68.20	自有或租赁房地产的租赁和经营	27.52	非电器制造
10.51	奶牛场和奶酪制造的经营	47.64	体育器材在专卖店零售
10.31	土豆的加工和保存	82.11	办公室行政服务综合活动
23.31	瓷砖和旗帜的制造	25.94	紧固件和螺丝机产品制造
60.20	电视节目制作和广播活动	66.00	金融服务和保险活动辅助活动
47.75	化妆品及盥洗用品在专营店的零售	10.20	鱼类、甲壳类及软体动物的加工和保存
23.20	耐火制品制造	93.00	体育活动及娱乐休闲活动
47.65	在专营店零售游戏及玩具	22.22	塑料包装制品制造
24.32	窄带钢冷轧	46.24	生皮、毛皮及皮革批发
23.64	迫击炮制造	20.13	其他无机基础化学品制造
17.23	纸质文具制造	28.41	金属成型机械制造
31.01	办公室和商店家具制造	46.62	机床批发
46.51	电脑批发；计算机外围设备和软件	47.99	非在商店、摊位或市场的其他零售
28.25	非家用冷却和通风设备制造	28.96	塑料和橡胶机械制造
46.73	木材、建筑材料和卫生设备批发	25.91	钢桶和类似容器制造
62.02	计算机咨询活动	35.11	电力生产

续表

NACE 代码	产业名称	NACE 代码	产业名称
14.13	其他外衣制造	18.13	印前和媒体前服务
23.52	石灰和石膏的制造	47.74	在专门商店零售医疗和矫形用品
47.41	专卖店中计算机、外围设备和软件的零售	47.78	在专门商店销售的其他新商品
61.20	无线通信活动	22.23	建筑用塑料制品的制造
77.21	娱乐和体育用品的租用和租赁	10.81	糖的制造
28.92	采矿、采石和建筑机械的制造	49.50	管道运输
50.30	内河客运	33.19	其他设备的修理
77.12	出租和租赁卡车	10.85	预制菜和菜肴的制造
46.66	其他办公机械和设备批发	25.40	武器和弹药的制造
77.39	租用和租赁其他机械、设备和有形物品	28.94	纺织、服装和皮革生产机械的制造
13.30	纺织品整理	23.13	中空玻璃制造
16.29	其他木制品的制造；软木、稻草和编织材料的制造	28.11	发动机和涡轮机制造，飞机、车辆和自行车发动机除外
55.90	其他设施		

（3）外观设计密集型产业

外观设计密集型产业的界定方法与商标类似，最终，2022版报告共定义外观设计密集型产业177个，详细目录见表3-8。

表3-8 外观设计密集型产业

NACE 代码	产业名称	NACE 代码	产业名称
46.47	家具、地毯和照明设备的批发	27.40	电气照明设备的制造
25.71	餐具的制造	14.39	其他针织和钩编服装的制造
77.40	知识产权和类似产品的租赁，版权作品除外	46.15	从事家具、家居用品、五金及五金制品销售的代理
46.48	手表及珠宝批发	28.14	其他水龙头和阀门的制造
27.51	家用电器制造	32.99	其他制造业
30.99	其他运输设备制造新标准	32.40	游戏和玩具的制造

续表

NACE 代码	产业名称	NACE 代码	产业名称
17.24	墙纸制造	14.14	内衣的制造
23.42	陶瓷卫生装置的制造	32.30	体育用品制造
23.19	其他玻璃制品的制造和加工，包括技术玻璃器皿	20.41	肥皂和洗涤剂、清洁和抛光制剂的制造
15.20	鞋类制造	32.12	珠宝及有关物品制造
46.44	瓷器、玻璃器皿及清洁材料批发	14.12	工作服制造
32.91	扫帚和刷子的制造	46.42	服装和鞋类的批发
26.52	手表和时钟的制造	31.09	其他家具的制造
46.49	其他家居用品的批发	30.92	自行车和残疾人车的制造
25.72	锁和铰链的制造	74.10	专业设计活动
11.04	其他非蒸馏发酵饮料制造	26.40	消费电子产品制造
14.11	皮衣制造	30.91	摩托车制造
12.00	烟草制品制造	14.19	其他穿戴服装和配件的制造
26.80	磁性和光学介质制造	25.99	其他金属制品的制造
23.41	陶瓷家用和装饰用品制造	46.43	家用电器批发
31.01	办公室和商店家具的制造	31.02	厨房家具制造
25.21	中央暖气散热器及锅炉制造	23.13	中空玻璃制造
15.12	箱包、手袋及类似物品、鞍具及挽具制造	11.07	软饮料制造；生产矿泉水和其他瓶装水
14.31	针织及钩编制造	46.65	办公家具批发
07.10	铁矿石开采	24.42	铝生产
32.11	铸造硬币	22.29	其他塑料制品制造
28.24	电动和手动工具制造	6.90	非专业批发贸易
24.45	其他有色金属生产	28.30	农林机械制造
47.91	邮购或互联网零售	22.22	塑料包装制品制造
10.42	人造黄油及类似食用脂肪的制造	32.13	仿制珠宝及相关物品制造
46.41	纺织品批发	27.90	其他电气设备的制造
28.93	食品、饮料及烟草加工机械的制造	26.60	制造辐照、电子医疗和电疗设备

续表

NACE 代码	产业名称	NACE 代码	产业名称
26.70	光学仪器及摄影设备的制造	13.99	其他纺织品的制造
13.92	纺织制成品（服装除外）的制造	26.70	光学仪器和照相器材的制造
13.99	制造其他纺织品新标准	20.51	炸药的制造
27.52	非家用电器的制造	22.19	其他橡胶制品的制造
28.23	办公机械和设备（计算机和外围设备除外）的制造	17.22	家庭用品、卫生用品及盥洗用品的制造
26.11	电子元件制造	32.50	医疗和牙科器械及用品的制造
32.20	乐器制造	26.30	通讯设备制造
16.29	其他木制品制造	23.31	瓷砖和旗帜的制造
11.03	苹果酒和其他果酒的制造	29.32	汽车其他部件和附件的制造
26.20	计算机和外围设备的制造	10.32	水果和蔬菜汁的制造
22.11	橡胶轮胎和胶管的制造；翻新和重建橡胶轮胎	23.69	其他混凝土、灰泥和水泥制品的制造
25.73	工具的制造	21.10	基本医药产品的制造
23.49	其他陶瓷制品的制造	10.83	茶和咖啡的加工
10.82	可可、巧克力和糖果的制造	11.01	蒸馏、精馏和混合烈酒
27.33	布线装置的制造	23.70	石材的切割、定型和精加工
46.45	香水和化妆品批发	22.23	塑料建筑工器具的制造
46.74	五金、管道和供暖设备及用品的批发	72.19	自然科学和工程的其他研发
23.11	平板玻璃的制造	20.59	其他化工产品的制造
28.92	采矿、采石和建筑机械制造	74.90	其他专业、科学和技术活动
28.99	其他专用机械的制造	68.10	购买和出售自有不动产
20.11	工业气体的制造	24.33	冷成型或折叠
13.94	细绳索、粗绳索、麻线和网的制造	47.77	在专卖店零售手表和珠宝
26.51	测量、试验和航海用仪器和器具的制造	46.11	从事农业原料、活体动物、纺织原料和半成品销售的代理商
46.18	专门销售其他特定产品的代理	82.11	办公室行政服务综合活动
10.51	奶牛场和奶酪制造的经营	13.93	地毯和垫子的制造

续表

NACE 代码	产业名称	NACE 代码	产业名称
46.14	涉及机械、工业设备、船舶和飞机销售的代理	22.21	木屑和饼干的制造；腌制糕点及糕点的制造
13.96	其他技术和工业纺织品的制造	14.13	其他外衣的制造
10.92	预制宠物食品制造	20.60	人造纤维的制造
10.72	塑料板材、薄板、塑料管和型材的制造	23.32	用黏土烧制的砖、瓦和建筑产品的制造
46.16	从事纺织品、服装、毛皮、鞋类和皮革制品销售的代理商	10.73	通心粉、面条、粗麦粉和类似的淀粉制品的制造
27.12	配电和控制设备制造	46.76	其他中间产品的批发
13.20	纺织品的编织	16.22	拼花地板的制造
10.41	油和脂肪的制造	29.10	汽车的制造
24.41	贵金属生产	17.12	纸和纸板的制造
25.93	金属制品、链条和弹簧的制造	72.11	生物技术的研发
13.95	非织造布及由非织造布制成的物品的制造，但服装除外	47.59	在专门商店零售家具、照明设备和其他家居用品
25.12	金属门窗的制造	30.12	娱乐船和运动船的制造
28.21	烘炉、熔炉及熔炉燃烧室的制造	17.23	纸质文具制造
28.91	冶金机械的制造	25.92	轻金属包装的制造
58.21	电脑游戏的出版	47.51	在专营店零售纺织品
45.40	摩托车及相关零件和配件的销售、保养和修理	46.73	木材的批发；建筑材料和卫生设备
10.89	其他食品的制造	28.29	其他通用机械的制造
28.13	其他泵和压缩机的制造	10.86	均质食品制剂和营养食品的制造
27.20	电池和蓄电池的制造	46.19	参与各种商品销售的代理
47.78	在专门商店销售新商品	16.23	其他建筑商的木工和细木工的制造
46.69	其他机械和设备的批发	17.29	其他纸和纸板制品的制造
46.72	金属和金属矿石的批发	31.03	床垫的制造
28.49	其他机床的制造	16.21	单板和人造板的制造
13.10	纺织纤维的制备和纺纱	25.91	钢桶和类似容器的制造

续表

NACE 代码	产业名称	NACE 代码	产业名称
28.12	流体动力设备的制造	24.43	铅、锌和锡的生产
29.20	机动车辆车身的制造；制造挂车和半挂车	28.11	发动机和涡轮机的制造，飞机、车辆和自行车发动机除外
11.05	啤酒的制造	20.20	农药和其他农用化学品的制造
20.53	精油的制造	25.40	武器和弹药的制造
28.94	纺织、服装和皮革生产用机械的制造	23.61	建筑用混凝土产品制造、紧固件和螺丝机械产品的制造
46.36	糖、巧克力和糖果的批发	23.62	建筑用石膏制品的制造
28.94	纺织、服装和皮革生产用机械制造		

(4) 版权密集型产业

与之前的研究相比，2022版报告调整了版权密集型产业的定义和范围。研究包括了WIPO确定的两类行业：核心版权产业和相互依赖的版权产业。最终得到核心版权密集型产业49个，相互依赖的版权产业28个，核心版权密集型产业详细目录见表3-9。

表3-9 核心版权密集型产业

NACE 代码	产业名称	NACE 代码	产业名称
18.11	报纸印刷	18.12	其他印刷
18.13	印前及媒体前服务	18.14	装订及相关服务
18.20	录音媒体复制	47.62	专卖店报纸及文具零售
47.61	专卖店图书零售	47.63	专卖店音乐及录像零售
58.11	图书出版	58.14	期刊出版
58.13	报纸出版	58.19	其他出版活动
58.21	电脑游戏出版	58.29	其他软件出版
59.11	电影、录像和电视节目制作活动	59.14	电影放映活动
59.12	电影、录像和电视节目后期制作活动	82.19	复印、文件准备和其他专门办公室支持活动

续表

NACE 代码	产业名称	NACE 代码	产业名称
59.13	电影、录像和电视节目发行活动	59.20	录音和音乐出版活动
60.10	无线电广播	60.20	电视节目和广播活动
61.10	有线电信活动	61.30	卫星电信活动
61.20	无线电信活动	62.02	计算机咨询活动
61.90	其他电信活动	62.03	计算机设施管理活动
62.01	计算机编程活动	62.09	其他信息技术和计算机服务活动
63.11	数据处理、托管及相关活动	63.12	门户网站
63.91	新闻机构活动	63.99	其他信息服务活动
73.11	广告代理	73.12	媒体代理
90.01	表演艺术	90.02	表演艺术支援活动
74.10	专业设计活动	74.20	摄影活动
79.90	其他预订服务及相关活动	74.30	笔译和口译活动
85.52	文化教育	90.04	艺术设施营运
90.03	艺术创作	91.01	图书馆及档案活动
93.21	游乐场及主题公园活动	93.29	其他娱乐和休闲活动
94.12	专业会员机构的活动		

相互依赖的版权产业详细目录见表 3-10。

表 3-10 相互依赖的版权产业

NACE 代码	产业名称	NACE 代码	产业名称
17.11	纸浆制造业	17.12	纸和纸板制造业
26.30	通信设备制造业	26.40	消费电子产品制造业
20.59	其他化学产品制造业	26.20	计算机及周边设备制造业
26.70	光学仪器及摄影设备制造	27.31	光缆制造
28.23	办公机械及设备制造（电脑及外围设备除外）	77.33	办公机械及设备租赁（包括电脑）
32.20	乐器制造	46.43	家用电器批发
46.51	计算机、计算机周边设备及软件的批发	46.66	其他办公机械设备批发

续表

NACE 代码	产业名称	NACE 代码	产业名称
46.52	电子、电信设备及零部件批发	32.11	铸造硬币
46.76	其他中间产品的批发	32.12	珠宝及相关物品制造
47.41	专卖店中电脑、电脑外设及软件的零售	47.43	专卖店音像设备零售
77.22	录像带及磁盘租赁	47.78	专卖店其他新商品零售
77.29	其他个人及家庭用品租赁		
91.03	历史遗迹、建筑物及类似旅游景点的营运	77.39	其他机械、设备和有形货物的租赁
91.02	博物馆活动	32.40	游戏及玩具制造
94.99	其他会员组织的活动		

（5）地理标志密集型产业

地理标志非私人所有，且给定 NACE 类别的比例因成员国而异，其密集型产业的认定方法具有特殊性。确定地理标志密集型产业的种类，首先按产品和成员国计算 GI 产品的数量和销售额，然后按国家和产品计算的因子通过将 GI 的销售额除以总产品（GI+ 非 GI）的营业额来计算地理标志占据的行业销售的百分比。最后将该比率应用于就业和增加值数据，2022 版报告更新后的地理标志密集型产业仍为 4 个，详细目录见表 3-11。

表 3-11 地理标志密集型产业

NACE 代码	产业名称	NACE 代码	产业名称
10.51	奶牛场和奶酪制造的经营	11.01	蒸馏、精馏和混合烈酒
11.02	用葡萄酿造葡萄酒（包括 01.21 葡萄种植的一部分）	11.05	酿造啤酒

（6）植物品种权密集型产业

报告对 2004—2012 年欧盟植物品种局注册的植物品种数据进行筛选和过滤，再与全球企业信息 Orbis 数据库相匹配，以确定申请人所在行业，将有效数据与 NACE 代码匹配。农业和园艺部门是 PVR 的主要用户，由于欧盟统计局对这些部门提供的就业数据不够详细,因此必须制定替代方法来确定这些部门 PVR 强度。为此,欧盟植物品种局计算出每种作物覆盖的每 1000 公顷的 PVR 应用的平均值,并将每 1000 公顷 PVR 使用量最高的作物与欧洲理事会第 1242/2008 号条例所规定的农业部门相匹配,建立农业持有的社区类型,2022 版报告最终认定植物品种权密集型产业 11 个,详细目录见表 3-12。

表 3-12 植物品种权密集型产业

NACE 代码	产业名称	NACE 代码	产业名称
46.22	花卉批发	72.11	生物技术研发
77.40	除版权作品外的知识产权及类似产品的租赁	46.21	谷物、未加工烟草、种子、动物饲料批发
20.53	精油的制造	13.10	纺织纤维的制备和纺纱
77.31	农业机械和设备的租用和租赁	10.61	谷物碾磨产品的制造
72.19	其他自然科学与工程研发	46.11	农业原料、活体动物销售,代理纺织原料和半成品园艺
01.00	园艺		

3.3.4 经济贡献测算及结论

2017—2019 年,商标密集型产业为欧盟直接创造了 4361 万个就业岗位,间接创造了 1610 万个就业岗位,在知识产权密集型产业中贡献最大。外观设计密集型产业紧随其后,分别创造了 2677 万个直接就业岗位和 1337 万个间接就业岗位。版权密集型产业创造的直接就业岗位在知识产权密集型产业中最少,为 1292 万个,提供间接就业岗位最少的知识产权密集型产业为植物品种权密集型产业,贡献了 61 万个间接岗位,具体数据如图 3-4 所示。此外,由于各国地理标志密集型产业的统计结构存在差异,因此未对其进行统计。

3 国际知识产权产业相关研究

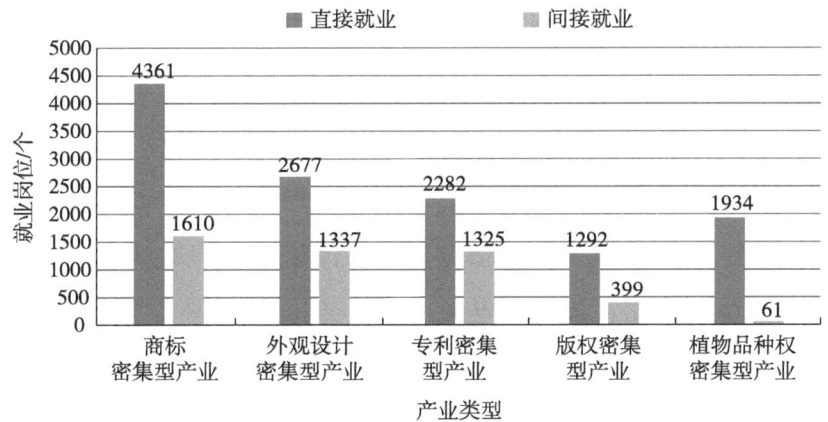

图 3-4 知识产权密集型产业对欧盟就业的直接和间接贡献

从图 3-5 中可以看出，无论是 GDP、就业还是对外贸易，知识产权密集型产业的贡献在 2011—2019 年都有所增加。在 2017—2019 年，知识产权密集型产业对就业的贡献增加了 0.8 个百分点，对 GDP 的贡献增加了 0.9 个百分点，对出口的贡献增长了 1.0 个百分点。此外，知识产权密集型产业为欧盟经济贡献了 47.1% 的 GDP，但仅创造了 29.7% 的就业。因此，可以得出知识产权密集型产业的人均产出高于其他经济部门。

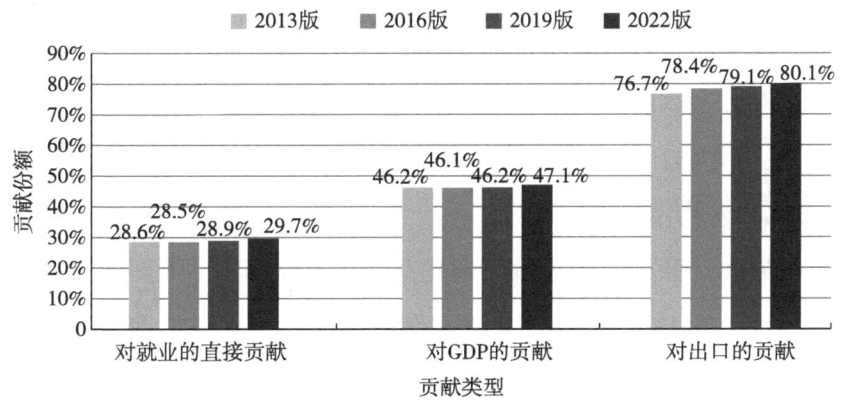

图 3-5 各版本知识产权密集型产业对欧盟的经济贡献

3.4 国际商标协会商标密集型产业的研究

3.4.1 拉丁美洲的商标——对该地区 5 个国家的经济影响

(1) 基本内容介绍

自 20 世纪 80 年代以来，包括拉丁美洲国家在内的发展中国家更加重视商标对市场竞争的作用。2017 年 9 月 18 日，国际商标协会发布了《拉丁美洲的商标——对该地区 5 个国家经济影响的研究》(*Trademarks in Latin America: a Study of Their Economic Impact in Five Countries in the Region*) 报告，主要研究了拉丁美洲 5 个国家（智利、哥伦比亚、墨西哥、巴拿马和秘鲁）的商标密集型活动对就业、工资、经济活动和进出口的影响。研究结果表明，在所研究的拉丁美洲国家中，商标密集型活动在就业、经济活动和对外贸易中占很大份额。此外，商标密集型活动支付更高的工资，这表明使用商标来识别其产品和服务的公司的生产率更高。最后，研究发现，这些商标密集型活动对所研究的拉美国家经济的贡献程度和范围可与美国和欧盟的情况相媲美。

研究在拉丁美洲 5 个国家获得的主要调查结果如下。

①在就业方面，尼斯分类［尼斯分类（NCL）由《尼斯协定》（1957 年）建立，是一种商标注册用商品和服务国际分类］的产品和服务被认为是商标密集型，占总就业人数的 8%～26%，具体比例因国家而异。它们占所研究国家 GDP 的 10%～21%，这些百分比相当于这组国家每年提供 1850 万个就业机会和 2390 美元的人均增加值。

②出口方面，商标密集型部门对国际贸易的贡献在 9%～33%，进口方面在 13%～51%，具体贡献仍然因国家而异。在所研究的 5 个国家中，每 100 美元出口中有 15 美元属于商标密集型产品，在每 100 美元的进口中商标密集型产品占 26 美元。由于这 5 个国家的贸易模式是从批发销售自然资源（石油、矿物和农产品）中获得的出口，进口的多为使用商标的制成品，所以对出口的影响小于对进口的影响。

③对密集部门的相对工资和经济平均水平的分析表明，密集部门的相对

工资更高。密集型部门和非密集型部门之间有正向的工资溢价,并且在国家间存在差异,范围在 5%～25%。

(2) 研究方法介绍

关于研究所用数据,应分为各国的经济活动数据和各国的商标注册数据。就商标数量而言,数据来自 WIPO 的数据库,该数据库接收并组织来自所有成员国的信息,并由 WIPO 的知识产权统计数据中心进行汇编。每个国家的经济活动数据(生产总值、增加值、就业和工资)根据各自国家的可得性,来源于经济普查、工业调查和国民核算统计,这些数据由各国的统计部门及其中央银行提供。研究所用的国际贸易数据取自国际贸易中心的数据库。

具体研究方法如下。

首先,考虑到增值销售和就业的部门统计使用国际标准产业分类(ISIC Rev. 4)或类似的系统进行分类,而商标统计使用的是不同的分类(尼斯分类)。研究通过使用转换表将 ISIC 分类系统中定义的经济活动与尼斯分类中建立的每一类商标联系起来。

其次,确定哪些经济活动是商标密集型的。研究参照以下比率来定义商标密集行业:商标年注册量/工作和商标年注册量/销售额。尼斯分类中显示的商标与工作和(或)商标与销售的比例高于所有分类中相应比例的分类被视为商标密集型分类。为了进行估计,研究收集了每个尼斯类(2010—2014年)的年平均商标注册数据,并将其与相应活动的就业和销售数据相关联,用这些数据来计算商标与工作和商标与销售的比率。

最后,将每一个选定指标(就业、GDP、进口和出口)的商标密集型行业的总量与经济总量进行比较,从而确定它们的相对重要性。以工资为例,将密集部门的平均工资与非密集部门的平均工资进行比较,以确定工资溢价。

3.4.2 拉丁美洲的商标——对 10 个拉丁美洲和加勒比国家的经济影响

(1) 基本内容介绍

2016 年,INTA(国际商标协会)和 ASIPI(美洲知识产权协会)成功合作,在智利、哥伦比亚、秘鲁、巴拿马和墨西哥开展了一项关于商标密集活动的经济影响的研究。这是该地区首次开展此类研究,表明品牌密集型产业在每个国家的经济中都有突出的地位,对其社会经济发展作出了有力的贡献。2018 年,ASIPI 和 INTA 决定更新第一项研究中包括的国家的结果,同时将分析范围扩展到 5 个新国家:阿根廷、巴西、哥斯达黎加、危地马拉和多米尼加共和国。2020 年 11 月 12 日,国际商标协会发布了《拉丁美洲的商标——在 10 个拉丁美洲和加勒比国家的经济影响》(*Trademarks in Latin America:Economic Impact in 10 Latin America and Caribbean Countries*),该报告主要研究和评估了 10 个拉丁美洲及加勒比国家(阿根廷、巴西、智利、哥伦比亚、哥斯达黎加、危地马拉、墨西哥、巴拿马、秘鲁和多米尼加共和国)商标密集活动的经济影响。通过评估品牌活动在拉丁美洲经济中所占的份额,确定其在就业、经济活动和对外贸易方面的重要性。此外,研究发现商标密集型活动支付更高的工资,这表明使用商标识别其产品和服务的公司的生产率更高。

研究在选定的 10 个国家获得的主要调查结果如下。

①将依据尼斯分类确定的劳动密集型产品和服务视为商标密集型产业,对不同国家来说,商标密集型产业占就业总量的比例在 3%~36%。在被分析国家中,占国内生产总值份额的平均值为 22%,具体国家在 10%~42% 不等。这些百分比相当于这些国家的 3500 万个工作岗位和 1487 美元的年人均增加值。

②分析国家的平均份额发现,出口方面,商标密集型产业对国际贸易的贡献为 31%;进口方面,贡献为 34%,具体份额因国家而异。对于这 10 个被研究的国家来说,每出口 100 美元中有 17.8 美元对应商标密集型产品;每进口 100 美元中有 28.7 美元是商标密集型产品。

③对商标密集型部门与经济平均水平之间的相对工资的分析表明,商标密集型部门的工资较高。在所有被研究的国家中,商标密集部门和非密集部门之间的工资溢价是正的,平均为 19%,具体国家在 5%~57% 不等。

(2)研究方法介绍

报告所使用的数据,分为与各国经济活动有关的数据和与各国商标注册有关的数据。每个国家的经济活动数据（生产总值、增加值、就业和工资）来自经济普查、工业调查和国民核算统计数据，所有国家都使用了与编制研究指标所需的开放程度相一致的最新数据。选定国家的国际贸易数据来自国际贸易中心贸易数据库，数据来自 WIPO 的数据库。

具体研究方法如下。

首先，虽然销售、增值和就业的部门统计使用 ISIC Rev.4 或类似的命名法进行分类，而商标统计使用不同的尼斯分类，但 WIPO 的尼斯商品和服务分类与 ISIC 分类之间的转换表可被用来将两种分类中定义的经济活动与商标联系起来。

其次，需要确定哪些经济活动是商标密集型的。对商标密集行业的定义，考虑采用比率：年度商标注册／就业和年度商标注册／销售。尼斯分类中所有商标／就业和（或）商标／销售比率高于各自平均比率的类别，被认为是各自国家的商标密集类。对于每个尼斯类的估计，研究通过收集 2013—2017 年或类似时期的年平均商标注册数据，并将相应活动的就业和销售数据关联起来，利用这些数据计算出品牌／就业和品牌／销售比率。

最后，将所选指标（就业、GDP、进口、出口）的品牌密集型部门总量与经济总量进行比较，以确定它们的相对重要性。以工资为例，通过比较密集部门和非密集部门的平均工资，从而确定工资溢价。

3.4.3　东南亚五国商标密集型产业对经济的贡献

（1）基本内容介绍

2017 年 8 月 14 日，国际商标协会发布了《东南亚五国商标密集型产业对经济的贡献》(*The Economic Contribution of Trademark-Intensive Industries in Indonesia, Malaysia, the Philippines, Singapore, and Thailand*)。研究的目的是评估东盟地区印度尼西亚、马来西亚、菲律宾、泰国和新加坡 5 个经济体的商标密集型产业的经济贡献，这 5 个经济体占东盟共同体 GDP 总和的近 90%。研究的主要方法是基于世界其他地区最近对知识产权密集型产业的研究成果并加以调整的。最值得注意的是，研究借鉴了 EUIPO/EPO 在其对欧洲知识产权密集型产业（包括商标密集型产业）的研究中使用的方法，来计算商标密集型活动的直接和间接贡献。同时，使用计量经济学方法来判断上述直接和间接影响经济和社会的方式。

研究在选定的5个国家获得的主要调查结果如下。

①研究证明了在报告涵盖的国家中，商标密集型产业所起的重要作用。这些行业的直接贡献价值在菲律宾不到五分之一，而在马来西亚约为三分之一，相比之下，欧盟的这一比例约为36%。

②考虑到投入产出联系的间接影响时，商标密集型产业对GDP的贡献会上升。从菲律宾最低的28%到马来西亚最高的约60%。这些间接联系差距如此之大，主要是由于初级活动（农业、自然资源和采掘活动）依赖商标密集型部门的投入。

③商标密集型产业在劳动力市场中发挥着重要作用。他们对就业的贡献在38%~50%。与GDP数据一样，考虑到新加坡以外国家非正规经济的规模，这些数字应该被视为上限。还有证据表明存在工资溢价：商标密集型行业的薪酬比非商标密集型行业高出12%~30%。

④商标密集型制造业活动发挥了重要作用，在研究的每个国家中，商标密集型产业都占了直接经济贡献的大部分份额。商标密集型产业对制造业也很重要，占制造业GDP的80%以上。

⑤计量经济学的结果表明，"商标集约化效应"使这5个国家的人均增加值整体上提高了约90%。此外，研究发现，商标密集型部门的表现通常与生产率较低的一些部门（特别是农业等初级活动）形成对比。某些商标密集型行业（特别是计算机等）通过融入全球供应链而实现以出口为导向。一般来说，证据表明出口竞争部门往往具有较高的生产率水平，这种生产率效应也与商标密集型企业的高工资相一致。

（2）研究方法介绍

在研究数据方面，报告使用了5个东盟国家各行业的国民经济核算统计指标。将国民经济数据与EUIPO对知识产权密集型产业的分类结合起来。

EUIPO按照以下知识产权维度对行业进行分类：商标、外观设计、专利、版权、地理标志和植物品种权。

研究使用2种方法来评估商标密集型产业的经济贡献，首先根据国民经济核算和行业调查数据对商标密集型产业概览。该分析有助于确定这些行业的直接贡献，以及推动其更广泛经济影响的间接联系，从而帮助确定这些行业的主要绩效指标，并将其置于与所研究国家有关的更广泛经济叙事中。

这部分的具体研究方法如下。

首先，从与注册者相关的数据库中检索有关知识产权（本研究的目的是商标）的信息并将知识产权信息映射到公司层面的数据。其次，收集有关利益总量（产出、就业等）的数据，确定识别知识产权密集型企业和行业的阈值，并将这些数据映射到行业分类，根据每个员工的商标数量来计算商标强度。每位员工拥有的商标数量高于平均水平的企业被认为是商标密集型企业。最后，通过衡量知识产权密集型产业相对于所有活动的份额，利用国民经济核算数据和其他宏观经济数据，得出对经济贡献和业绩的估计。

但为了深入分析，还需要考虑相对于非商标密集型产业，一个经济体将更多的资源分配给商标密集型产业所带来的经济回报是什么。为了做到这一点，研究开发了一个计量经济学模型，将商标集约度与经济绩效的衡量指标联系起来。具体来说，研究考察了对人均增加值和出口业绩的影响，从而估计这些措施对商标强度的响应性。

该部分的具体研究方法如下。

首先，研究汇集了5个目标国家的数据。这个"集合模型"计算出，对于这5个国家作为一个整体来说，从非商标密集型转向商标密集型后，每个工人的平均增加值将增加多少。其次，分别运行这5个国家中的单独方程，以估计每个国家的"商标效应"。最后，通过选择性地增加知识产权（版权、专利和外观设计）等变量，重新估计混合模型，从而显示其影响。这些指标也是从EUIPO知识产权密集型产业分类中得出的，其推导方法与商标强度衡量方法完全相同，即该特定类型知识产权的密集活动所占比例。

具体计算过程如下。

在数据方面,使用5个东盟国家的国家账户统计指标,包括就业、增加值、工资、营业额和单位数等变量。数据按NACE级别分类,并结合EUIPO对知识产权密集型行业的分类。

1) 一般模型

使用的基本模型以人均增加值的对数为因变量,回归商标密集度和国家哑变量。结果显示,从零商标密集度到满商标密集度的变化与人均增加值增加93%相关,并具有统计显著性。模型公式如下。

①合并模型(包含国家哑变量):

$$\log(valueadd/employee_{ic}) = \beta_0 + \beta_1 TM\_intensity_{ic} + dummy_c + u_{ic} \quad (3-1)$$

②按国家模型分类:

$$\log(valueadd/employee_{ic}) = \beta_c + \beta_{1c} TM\_intensity_{ic} + u_{ic} \quad (3-2)$$

其中,$valueadd/employee_{ic}$表示国家c的行业i的人均增加值,$TM\_intensity_{ic}$表示国家c的行业i的商标密集度,$dummy_c$表示国家c的哑变量,u_{ic}表示误差项。

2) 控制其他知识产权密集度的影响

商标密集度通常与其他知识产权(IP)的密集度相关。例如,专利密集度、版权密集度和设计密集度。研究采用多个IP变量的回归模型,控制这些变量对商标密集度效应的影响。

合并模型(包含国家哑变量和其他IP变量):

$$\log(valueadd/employee_{ic}) = \beta_0 + \beta_1 TM\_intensity_{ic} + \beta_2 otherIP\_intensity_{ic} + dummy_c + u_{ic} \quad (3-3)$$

3) 主要结论

商标密集度与人均增加值之间存在显著的正相关关系,与出口占比之间也存在相关关系。此外,在控制其他知识产权密集度后,商标密集度对人均增加值的影响仍然显著,但对出口占比的影响难以明确界定。上述研究结果表明,商标密集型产业在提高生产率和促进出口方面具有重要作用。

3.5 国际知识产权指数研究

3.5.1 研究背景

2023年2月21日，美国商会发布《2023年国际知识产权指数》(2023 Eleventh Edition International IP Index)报告，该报告通过50个指标（9个类别，反映知识产权密集型产业的经济贡献）对55个全球主要经济体的知识产权框架的强度和有效性进行评估，为寻求通过更有效的知识产权标准加强创新生态系统的经济体提供了路线图。无论发展中经济体还是发达经济体，世界各地的经济体都可以利用对本国知识产权环境的了解，以及对邻国和国际竞争对手知识产权环境的了解，提高自身绩效，更好地在全球投资和人才等方面进行最高水平的竞争。

报告详细介绍了《2023国际知识产权指数》的方法论、数据来源和指标解释，说明了如何构建指数、收集和评估数据，以及如何对55个经济体的知识产权环境进行定量分析。报告采用的方法论包括确定影响知识产权保护和商业化的关键法律和政策框架，然后基于这些框架的存在与否，以及其执行情况对各经济体进行评分。指数共涉及50个独特的指标，覆盖专利、版权、商标、设计权、商业秘密、知识产权资产的商业化、执法及制度效率等多个维度。

数据来源包括各经济体的法律文件、政策文件、专利和商标局的公开信息，以及与知识产权相关的国际条约和协议。此外，报告还综合考虑了从知识产权专家、企业家和学术界获取的反馈和见解，确保评估结果的全面性和准确性。每个指标根据其对创新生态系统影响的重要性进行加权和评分，最终形成每个经济体在全球知识产权环境中的综合得分。这些得分不仅反映了各经济体的知识产权保护水平，还揭示了其在全球知识经济中的竞争力。报告旨在为政策制定者、商界领袖和学者提供一个工具，以评估和比较不同经济体的知识产权框架，从而推动更有效的知识产权保护和利用，支持创新产业的发展。

研究获得的主要结果如下。

①从得分情况来看，28个经济体的得分相较之前保持不变，表明改善全

球知识产权保护的进展可能停滞不前。然而，一些全球市场在加强知识产权保护方面仍取得了一定进展，18个经济体的得分有所提高，9个经济体出现倒退。摩洛哥、泰国和越南的总分提高幅度最大，分别为2.50%、2.50%和2.02%。除泰国和越南外，亚洲在区域平均得分方面的进步最大，这是由于马来西亚和新加坡得分的提高。此外，由于俄罗斯针对国际权利人采取了一系列措施，俄罗斯的得分下降了21.62%。

②各经济体正在通过多边组织和各国政府的讨论，逐渐削弱知识产权驱动创新的框架。知识产权对创新疫苗、疗法和诊断方法的研发至关重要，为全球应对新冠疫情（COVID-19）奠定了基础。知识产权仅在31个不同国家就促进了COVID-19治疗药物达成143项许可协议，从而确保了全球供应远远超过需求。然而，世界贸易组织（WTO）和世界卫生组织（WHO）内部正在进行放弃知识产权的谈判，这将破坏对抗击COVID-19至关重要的创新生态系统，并威胁有效应对下一个重大全球公共卫生安全问题的能力。同样，欧盟正在考虑的限制知识产权保护、缩短监管数据保护期限和削弱罕见疾病治疗投资的政策提案，将危及欧盟在知识产权驱动型创新方面的长期领导地位。

③5G等移动技术帮助消费者在全球新冠疫情大流行期间保持联系，也产生了显著且积极的经济影响。虽然5G的部署已经为美国GDP贡献了超过1000亿美元，但研究估计，到2025年，5G标准将为美国GDP贡献1.5万亿美元，并创造或改变1600万个美国就业岗位。拥有最有效知识产权框架的经济体更有可能提高信息和通信技术（ICT）的可用性，拥有更强大的数字环境和更强的5G部署能力。然而，利用本地化政策、繁多的许可要求和强制技术转让的经济体将阻碍包括5G在内的新ICT和移动技术的发展。

④在2022年积极执法的基础上，许多经济体继续采取措施来解决在线版权侵权内容的问题。例如，在拉丁美洲，秘鲁国家知识产权局（INDECOPI）和巴西的"404反盗版行动"关闭了数百个包含盗版内容的网站。

3.5.2 知识产权框架强度和有效性对比

《2023年国际知识产权指数》报告在"方法、来源和指标解释"的附录中概述了用于评估 55 个经济体知识产权环境的方法框架，详细介绍了评估的标准和来源，强调为确保准确性和相关性而采取的综合方法。该方法根据 50 个独特指标对每个经济体进行评分，这些指标分为与知识产权不同方面相关的 9 个类别，包括专利、版权、商标、设计权、商业秘密、知识产权资产的商业化、执法、系统效率和国际化。对于每项指标，报告都描述了评估标准，包括具体的立法和监管规定、执行机制及对国际条约的遵守情况。附录还列出了用于分析的信息来源，如国家知识产权法、国际协议及政府和非政府组织的报告。此外，该指标强调了强有力的知识产权保护和执法对于推动经济增长、技术创新和提升全球竞争力的重要性。

具体来说，该指数包括 9 个类别的 50 个指标：①专利、相关权利和限制；②版权、相关权利和限制；③商标、相关权利和限制；④设计权、相关权利和限制；⑤商业秘密与保密信息的保护；⑥知识产权资产商业化与市场准入；⑦执行；⑧系统性的效率；⑨加入和批准国际条约。与以前的版本一样，这些类别是为了便于编制指数，对权重或一个经济体在指数中的总体得分没有统计影响。

（1）专利、相关权利和限制

此类别包含以下指标，关联专利保护及其相关权利和限制：专利保护期限（数字指标）；专利申请要求（混合指标）；计算机实现发明（CII）的专利性（混合指标）；植物新品种保护期限（数字指标）；与药品相关的专利执行和解决机制（混合指标）；对专利产品和技术使用强制许可的立法标准和应用（混合指标）；药品专利期限恢复（混合指标）；专利审查高速公路（PPH）成员资格；专利异议（混合指标）。

（2）版权、相关权利和限制

此类别中的指标涉及版权、相关权利和限制：版权（及相关权利）保护期限（数字指标）；提供必要专有权以防止版权及相关权利被侵犯的法律措施（包括网络托管、流媒体和链接）（混合指标）；快速的类似禁令救济和在线侵权内容的禁用（混合指标）；推动对在线盗版采取合作行动的框架的可用性（混合指标）；版权及相关权利的限制和例外范围（混合指标）；技术保护措施

(TPM)和数字版权管理（DRM）立法（混合指标）；实施政策和指南的清晰执行（混合指标）。

（3）商标、相关权利和限制

此类别中的指标涉及商标保护、设计权及相关权利和限制：商标保护期限（续展期）（数字指标）；知名商标的保护（混合指标）；提供必要独家权利以纠正未授权使用商标的法律措施（混合指标）；推动对在线销售假冒商品采取行动的框架的可用性（混合指标）。

（4）设计权、相关权利及限制

此类别中的指标涉及设计权、相关权利和限制：工业设计保护期限（数字指标）；提供必要独家权利以纠正未授权使用工业设计权的法律措施（混合指标）。

（5）商业秘密与保护机密信息

此类别中的指标涉及商业秘密、相关权利和限制及机密信息的保护：商业秘密保护（民事补救措施）（混合指标）；商业秘密保护（刑事制裁）（混合指标）；监管数据保护期限（数字指标）。

（6）知识产权资产的商业化与市场准入

此类别中的指标旨在衡量特定国家的知识产权环境在多大程度上认识到知识产权作为资产的价值，并鼓励无论其国籍如何都能对知识产权进行商业化。包括：市场准入障碍（混合指标）；技术转让障碍（混合指标）；许可交易的注册和披露要求（混合指标）；政府直接干预设定许可条款（混合指标）；知识产权作为经济资产（混合指标）；创造知识产权资产的税收激励。

（7）执行

此类别的指标衡量知识产权侵权的普遍性、权利所有者可用的刑事和民事法律程序、海关官员执行边境控制和检查的权力，以及海关当局行动的透明度。包括：实体假冒率（数字指标）；软件盗版率（数字指标）；民事和程序补救措施（混合指标）；预先设定的赔偿金和确定侵权所产生损害金额的机制（混合指标）；包括最低监禁和最低罚款在内的刑事标准（混合指标）；有效的边境措施（混合指标）；海关当局公开报告与贸易相关的知识产权侵权行为（混合指标）。

(8) 系统性的效率

此类别的指标旨在衡量国家知识产权系统的运作方式。包括：知识产权执法努力地协调（混合指标）；在知识产权政策形成过程中与利益相关者协商（混合指标）；教育活动和增强意识（混合指标）；针对中小企业（SMEs）创造和使用知识产权资产的特定激励（混合指标）；知识产权密集型产业的国家经济影响分析（混合指标）。

(9) 加入和批准国际条约

一般来说，这一类指标是混合的，衡量的是一个经济体是否签署、批准或加入了保护知识产权的国际条约。有些国际条约只允许加入，即成员资格要么授予，要么不授予。

4 国内知识产权产业相关研究

在本章节中,将综合探讨中国知识产权密集型产业的发展,首先从《专利密集型产业目录(2016)》(试行)的发布入手,结合江苏省专利密集型产业相关政策文件,探索我国知识产权密集型产业对经济发展的具体影响,进而详细分析了我国版权、商标行业的发展概况。

4.1 专利密集型产业早期研究

4.1.1 研究方法

2016年9月,根据《国务院关于新形势下加快知识产权强国建设的若干意见》(国发〔2015〕71号),在征求相关部门、专家学者意见建议的基础上,国家知识产权局发布了《专利密集型产业目录(2016)》(试行)(以下简称《目录》)。这是国内首份以专利视角为切入点进行产业划分的官方报告,报告选取我国2010—2014年专利数据,借鉴美国有关报告中专利强度指标的计算方法对我国专利密集型产业进行测度,同时为体现产业创新发展的政策引导性,兼顾考虑与国家政策性文件的衔接,在《目录》编制过程中,将其与国家政策性产业目录,如战略性新兴产业、中国制造2025、高技术制造业、产业关键共性技术等进行比较分析。经专家评议,加入铁路运输设备制造,汽车整车制造,汽车零部件及配件制造,航空、航天器及设备制造,其他水的处理、利用与分配这5个中类行业,删除1个中类行业即其他食品制造,最终形成包含8个产业大类、48个中类行业的专利密集型产业目录。该报告的发布是《国务院关于新形势下加快知识产权强国建设的若干意见》任务要求的细化落实，有利于更好地引导社会资源的走向，并可作为有关部门及地方政府推动专利密集型产业培育工作的重要依据。

4.1.2 分类结果

专利密集型产业目录是知识产权密集型产业目录的一项重要组成部分。《目录》编制参考国际常用认定方法，兼顾我国产业发展特色，确定了以定量测度发明专利密集度、存量规模等指标为主，定性考虑政策引导性等因素为辅的界定方法。专利密集型产业需满足以下条件：一是产业发明专利密集度和发明专利授权规模均达到全国平均水平以上；二是产业成长性好，与创新发展的政策导向高度契合。

发明专利密集度为5年期间平均每万名就业人员的发明专利授权数，即5年发明专利授权总数除以相应期间的年平均就业人员数。专利密集型产业所属大类行业发明专利密集度须高于全国三次产业平均水平，其中，专利密集型产业工业中类发明专利密集度须高于全国工业平均水平。以2010—2014年为例，全国三次产业平均专利密集度为7.91件／万人，工业专利密集度为59.55件／万人。经过筛选，共有74个中类行业（含工业中类68个，服务业中类6个）专利密集度满足条件。

发明专利规模指5年期间产业发明专利授权量之和。专利密集型产业所属大类发明专利规模须高于全国三次产业大类平均水平，其中，专利密集型产业工业中类发明专利规模须高于工业中类平均水平。以2010—2014年为例，96个国民经济大类行业平均发明专利授权量为6319件；201个工业中类行业平均发明专利授权量为2822件。通过筛选，剔除煤炭开采和洗选辅助活动等30个中类行业，剩余44个中类行业发明专利规模在平均水平以上。

通过以上两个条件最终确定了八大产业，涵盖48个国民经济中类行业。其中，信息基础产业包含5个中类行业，软件和信息技术服务业包含6个中类行业，现代交通装备产业包含4个中类行业，智能制造装备产业包含7个中类行业，生物医药产业包含7个中类行业，新型功能材料产业包含6个中类行业，高效节能环保产业包含10个中类行业，资源循环利用产业包含3个中类行业。《目录》对应国民经济行业分类（GB/T 4754—2011）的中类条目（三位码），其中的农药制造（263）涉及稀土农药（稀土生物功能材料），通用仪器仪表制造（401）和专用仪器仪表制造（402）涉及节能控制装置、环保监测设备等的制造，金属表面处理及热处理加工（336）涉及表面处理废液综合利用等。专利密集型产业目录详见表4-1。

表4-1 2016版专利密集型产业代码及名称

专利密集型产业分类名称	国民经济行业代码	国民经济行业名称
一、信息基础产业	391	计算机制造
	392	通信设备制造
	393	广播电视设备制造
	394	雷达及配套设备制造
	396	电子器件制造
二、软件和信息技术服务业	651	软件开发
	652	信息系统集成服务
	653	信息技术咨询服务
	654	数据处理和存储服务
	655	集成电路设计
	659	其他信息技术服务业
三、现代交通装备产业	361	汽车整车制造
	366	汽车零部件及配件制造
	371	铁路运输设备制造
	374	航空、航天器及设备制造
四、智能制造装备产业	342	金属加工机械制造
	343	物料搬运设备制造
	351	采矿、冶金、建筑专用设备制造
	354	印刷、制药、日化及日用品生产专用设备制造
	355	纺织、服装和皮革加工专用设备制造

4 国内知识产权产业相关研究

续表

专利密集型产业分类名称	国民经济行业代码	国民经济行业名称
四、智能制造装备产业	356	电子和电工机械专用设备制造
	357	农、林、牧、渔专用机械制造
五、生物医药产业	271	化学药品原料药制造
	272	化学药品制剂制造
	273	中药饮片加工
	274	中成药生产
	276	生物药品制造
	358	医疗仪器设备及器械制造
	404	光学仪器及眼镜制造
六、新型功能材料产业	261	基础化学原料制造
	263	农药制造
	264	涂料、油墨、颜料及类似产品制造
	265	合成材料制造
	266	专用化学产品制造
	268	日用化学产品制造
七、高效节能环保产业	341	锅炉及原动设备制造
	344	泵、阀门、压缩机及类似机械制造
	346	烘炉、风机、衡器、包装等设备制造
	352	化工、木材、非金属加工专用设备制造
	359	环保、社会公共服务及其他专用设备制造
	382	输配电及控制设备制造
	384	电池制造
	387	照明器具制造
	401	通用仪器仪表制造
	402	专用仪器仪表制造
八、资源循环利用产业	336	金属表面处理及热处理加工
	462	污水处理及其再生利用
	469	其他水的处理、利用与分配

4.2 知识产权（专利）密集型产业统计分类

4.2.1 研究方法

《知识产权（专利）密集型产业统计分类（2019）》是我国为科学界定知识产权（专利）密集型产业统计范围，建立知识产权（专利）密集型产业统计监测体系，更好地服务于知识产权强国建设所制定的分类。分类主要根据以下原则进行编制。①以国务院有关文件为指导。本分类主要以《"十三五"国家知识产权保护和运用规划》《国务院关于新形势下加快知识产权强国建设的若干意见》《深入实施国家知识产权战略行动计划（2014—2020年）》等国务院有关文件为指导，界定知识产权（专利）密集型产业分类范围。②以《国民经济行业分类》为基础。本分类依据《国民经济行业分类》（GB/T 4754—2017），对其中符合知识产权（专利）密集型产业特征的有关活动进行再分类。③以推动创新发展为导向。本分类范围限定于经国务院专利行政部门实质审查、创新水平更高的发明专利，未纳入实用新型专利和外观设计专利。同时参考《战略性新兴产业分类（2018）》《高技术产业（制造业）分类（2017）》《高技术产业（服务业）分类（2018）》，将R&D投入强度高的行业纳入本分类范围。④以国际通行的分类方法为参考。本分类借鉴了美国、欧盟等关于知识产权（专利）密集型产业的测算方法，聚焦发明专利，依据统计数据测算结果，确定产业范围和对应的行业类别。

4.2.2 分类结果

本分类规定的知识产权（专利）密集型产业是指发明专利密集度、规模达到规定的标准，依靠知识产权参与市场竞争，符合创新发展导向的产业集合。知识产权（专利）密集型产业的范围包括信息通信技术制造业，信息通信技术服务业，新装备制造业，新材料制造业，医药医疗产业，环保产业，研发、设计和技术服务业7个大类。知识产权（专利）密集型产业分类的划分借鉴美国和欧盟等国际上通行的方法，以发明专利密集度为基本依据，同时兼顾我国行业发展特色，综合考量R&D投入强度、行业发明专利规模、战略性新兴产业分类、高技术制造业分类和高技术服务业分类，提出划分知识产权（专利）密集型产业的条件。

知识产权（专利）密集型产业至少应当具备下列条件之一：①行业发明专利规模和密集度均高于全国平均水平；②行业发明专利规模和R&D投入强度高于全国平均水平，且属于战略性新兴产业、高技术制造业、高技术服务业；③行业发明专利密集度和R&D投入强度高于全国平均水平，且属于战略性新兴产业、高技术制造业、高技术服务业。

本分类首先基于2011版国民经济行业分类，对统计数据进行定量测算，然后依据《国民经济行业分类新旧结构对照表》，将2011版的行业类别对应转换为2017版的行业类别。依据知识产权（专利）密集型产业分类方法，符合上述条件①的2011版国民经济行业小类共计113个。依据《国民经济行业分类新旧结构对照表》转换为2017版后，共计包含152个国民经济行业小类，并采纳专家建议将"铅蓄电池制造"小类予以剔除，即符合上述条件①的2017版国民经济行业小类共计151个。在此基础上，参考战略性新兴产业、高技术制造业和高技术服务业，经征求相关部门、地方、专家意见建议，按照满足行业发明专利密集度或规模高于全国平均水平（工业行业还应高于全国工业平均水平），同时R&D投入强度高于全国平均水平的方法进行筛选，增加2011版国民经济行业小类共26个。依据《国民经济行业分类新旧结构对照表》转换为2017版后，符合上述条件②或条件③的国民经济行业小类共计37个。将上述两方面合在一起，形成包含188个行业小类的知识产权（专利）密集型产业统计分类标准。按照行业内在逻辑，将这些行业小类归并为7个大类，31个中类，如表4-2所示。

表4-2 2019版专利密集型产业代码及名称

大类	中类	分类名称	国民经济行业代码	国民经济行业名称
01信息通信技术制造业	0101	通信设备、雷达及配套设备制造	3921	通信系统设备制造

续表

大类	中类	分类名称	国民经济行业代码	国民经济行业名称
01 信息通信技术制造业	0101	通信设备、雷达及配套设备制造	3922	通信终端设备制造
			3940	雷达及配套设备制造
	0102	计算机制造	3913	计算机外围设备制造
			3914	工业控制计算机及系统制造
			3915	信息安全设备制造
			3919	其他计算机制造
	0103	广播电视设备制造	3931	广播电视节目制作及发射设备制造
			3932	广播电视接收设备制造
			3933	广播电视专用配件制造
			3934	专业音响设备制造
	0104	电子器件制造	3971	电子真空器件制造
			3972	半导体分立器件制造
			3973	集成电路制造
			3974	显示器件制造
			3975	半导体照明器件制造
			3976	光电子器件制造
			3979	其他电子器件制造
	0105	电子元件及电子专用材料制造	3981	电阻电容电感元件制造
			3982	电子电路制造
			3983	敏感元件及传感器制造
			3984	电声器件及零件制造
			3985	电子专用材料制造
			3989	其他电子元件制造
	0106	电子专用设备制造	3562	半导体器件专用设备制造
			3563	电子元器件与机电组件设备制造
			3569	其他电子专用设备制造
	0107	智能消费设备制造	3961	可穿戴智能设备制造
			3962	智能车载设备制造
			3963	智能无人飞行器制造

续表

大类	中类	分类名称	国民经济行业代码	国民经济行业名称
01 信息通信技术制造业	0107	智能消费设备制造	3964	服务消费机器人制造
			3969	其他智能消费设备制造
	0108	其他电子设备制造	3990	其他电子设备制造
02 信息通信技术服务业	0201	通信和卫星传输	6312	移动电信服务
			6331	广播电视卫星传输服务
			6339	其他卫星传输服务
	0202	互联网服务	6421	互联网搜索服务
			6422	互联网游戏服务
			6429	互联网其他信息服务
			6431	互联网生产服务平台
			6432	互联网生活服务平台
			6433	互联网科技创新平台
			6434	互联网公共服务平台
			6439	其他互联网平台
			6440	互联网安全服务
			6450	互联网数据服务
	0203	软件开发	6511	基础软件开发
			6512	支撑软件开发
			6513	应用软件开发
			6519	其他软件开发
	0204	信息技术服务	6550	信息处理和存储支持服务
			6571	地理遥感信息服务
			6572	动漫、游戏数字内容服务
			6579	其他数字内容服务
03 新装备制造业	0301	通用设备制造	3411	锅炉及辅助设备制造
			3412	内燃机及配件制造
			3419	其他原动设备制造
			3421	金属切削机床制造
			3422	金属成形机床制造

续表

大类	中类	分类名称	国民经济行业代码	国民经济行业名称
03 新装备制造业	0301	通用设备制造	3423	铸造机械制造
			3424	金属切割及焊接设备制造
			3425	机床功能部件及附件制造
			3429	其他金属加工机械制造
			3431	轻小型起重设备制造
			3432	生产专用起重机制造
			3434	连续搬运设备制造
			3441	泵及真空设备制造
			3442	气体压缩机械制造
			3443	阀门和旋塞制造
			3444	液压动力机械及元件制造
			3445	液力动力机械及元件制造
			3446	气压动力机械及元件制造
			3459	其他传动部件制造
			3461	烘炉、熔炉及电炉制造
			3463	气体、液体分离及纯净设备制造
			3464	制冷、空调设备制造
			3466	喷枪及类似器具制造
			3467	包装专用设备制造
			3474	复印和胶印设备制造
			3491	工业机器人制造
			3492	特殊作业机器人制造
			3493	增材制造装备制造
			3499	其他未列明通用设备制造业
	0302	专用设备制造	3511	矿山机械制造
			3515	建筑材料生产专用机械制造
			3516	冶金专用设备制造
			3521	炼油、化工生产专用设备制造
			3523	塑料加工专用设备制造

4 国内知识产权产业相关研究

续表

大类	中类	分类名称	国民经济行业代码	国民经济行业名称
03 新装备制造业	0302	专用设备制造	3529	其他非金属加工专用设备制造
			3531	食品、酒、饮料及茶生产专用设备制造
			3532	农副食品加工专用设备制造
			3542	印刷专用设备制造
			3544	制药专用设备制造
			3551	纺织专用设备制造
			3572	机械化农业及园艺机具制造
			3596	交通安全、管制及类似专用设备制造
			3597	水资源专用机械制造
			3599	其他专用设备制造
	0303	航空、航天器及设备制造	3741	飞机制造
			3742	航天器及运载火箭制造
			3743	航天相关设备制造
			3744	航空相关设备制造
			3749	其他航空航天器制造
	0304	汽车与轨道设备制造	3630	改装汽车制造
			3670	汽车零部件及配件制造
			3714	高铁设备、配件制造
			3716	铁路专用设备及器材、配件制造
	0305	电气设备制造	3812	电动机制造
			3821	变压器、整流器和电感器制造
			3823	配电开关控制设备制造
			3824	电力电子元器件制造
			3825	光伏设备及元器件制造
			3829	其他输配电及控制设备制造
			3832	光纤制造
			3833	光缆制造
			3841	锂离子电池制造

续表

大类	中类	分类名称	国民经济行业代码	国民经济行业名称
03 新装备制造业	0305	电气设备制造	3844	锌锰电池制造
			3849	其他电池制造
			3871	电光源制造
			3874	智能照明器具制造
			3879	灯用电器附件及其他照明器具制造
			3891	电气信号设备装置制造
	0306	仪器仪表设备制造	4011	工业自动控制系统装置制造
			4012	电工仪器仪表制造
			4013	绘图、计算及测量仪器制造
			4014	实验分析仪器制造
			4015	试验机制造
			4023	导航、测绘、气象及海洋专用仪器制造
			4025	地质勘探和地震专用仪器制造
			4026	教学专用仪器制造
			4028	电子测量仪器制造
			4029	其他专用仪器制造
			4040	光学仪器制造
	0307	其他装备制造	3351	建筑、家具用金属配件制造
			3737	海洋工程装备制造
04 新材料制造业	0401	金属材料制造	3240	有色金属合金制造
	0402	非金属材料制造	3051	技术玻璃制品制造
			3073	特种陶瓷制品制造
	0403	化学原料及化学制品制造	2612	无机碱制造
			2613	无机盐制造
			2614	有机化学原料制造
			2619	其他基础化学原料制造
			2624	复混肥料制造
			2631	化学农药制造

续表

大类	中类	分类名称	国民经济行业代码	国民经济行业名称
04 新材料制造业	0403	化学原料及化学制品制造	2632	生物化学农药及微生物农药制造
			2641	涂料制造
			2642	油墨及类似产品制造
			2645	染料制造
			2651	初级形态塑料及合成树脂制造
			2659	其他合成材料制造
			2661	化学试剂和助剂制造
			2662	专项化学用品制造
			2663	林产化学产品制造
			2669	其他专用化学产品制造
			2682	化妆品制造
			2684	香料、香精制造
	0404	化学纤维制造	2829	其他合成纤维制造
05 医药医疗产业	0501	医药制造业	2710	化学药品原料药制造
			2720	化学药品制剂制造
			2730	中药饮片加工
			2740	中成药生产
			2750	兽用药品制造
			2761	生物药品制造
			2762	基因工程药物和疫苗制造
			2770	卫生材料及医药用品制造
			2780	药用辅料及包装材料制造
	0502	医疗设备制造	3581	医疗诊断、监护及治疗设备制造
			3584	医疗、外科及兽医用器械制造
			3585	机械治疗及病房护理设备制造
			3586	康复辅具制造
			3589	其他医疗设备及器械制造
06 环保产业	0601	环保专用设备仪器制造业	3591	环境保护专用设备制造
			4021	环境监测专用仪器仪表制造

续表

大类	中类	分类名称	国民经济行业代码	国民经济行业名称
06 环保产业	0602	环境污染处理专用药剂材料制造	2666	环境污染处理专用药剂材料制造
	0603	环保相关活动	3360	金属表面处理及热处理加工
			4620	污水处理及其再生利用
07 研发、设计和技术服务业	0701	研究和试验发展服务	7310	自然科学研究和试验发展
			7320	工程和技术研究和试验发展
			7340	医学研究和试验发展
	0702	专业化设计服务	7491	工业设计服务
			7492	专业设计服务
	0703	技术推广服务	7512	生物技术推广服务
			7513	新材料技术推广服务
			7514	节能技术推广服务
			7515	新能源技术推广服务
			7516	环保技术推广服务
			7517	三维（3D）打印技术推广服务
			7519	其他技术推广服务

4.3 江苏省知识产权密集型产业研究

4.3.1 研究背景

为落实《国务院关于新形势下加快知识产权强国建设的若干意见》《中共江苏省委江苏省人民政府关于加快建设知识产权强省的意见》的要求，2016年江苏省发布了国内首个涵盖专利、商标和版权的知识产权密集型产业统计报告。该报告的发布不仅为江苏省知识产权密集型产业研究提供了相关数据，更为有关部门及各地开展知识产权密集型产业培育工作提供了重要参考。报告的发布，有利于开展知识产权密集型产业培育，有利于引导更多的社会资本参与知识资源要素的配置，有利于知识产权密集型产业的行业组织和产业联盟根据自身特点和定位迅速聚焦。

为深入开展"江苏省知识产权密集型产业"研究，2017年报告在2016年的基础上进一步完善了统计指标体系，增加了全员劳动生产率、平均工资、资产负债率等经济指标。报告利用江苏省规模以上工业企业经济数据认定了江苏省知识产权行业目录，最终确定了专利密集型产业33个、商标密集型产业35个、版权密集型产业51个，并从GDP、就业、全员劳动生产率、平均工资、科技创新投入、科技创新产出、对外出口、经济效益8个方面探究知识产权密集型产业对江苏省的经济贡献。

主要结论有以下。

①江苏省知识产权密集型产业具有产出效率高、经济贡献大的特点。2016年，江苏省知识产权密集型产业增加值为24 427.07亿元，占当期江苏GDP的比重为32.10%；从业人员数为599.93万人，占当期江苏全部从业人员数的比重为12.61%，以12.61%的就业创造了32.10%的GDP。同时，知识产权密集型产业规模以上工业企业全员劳动生产率35.26万元／人，高于非知识产权密集型产业的29.83万元／人。

②江苏省规模以上工业企业专利商标密集型（指专利密集型产业或商标密集型产业）产业创新投入大。2016年，江苏省专利商标密集型产业R&D经费内部支出为1001.73亿元，占其主营业务收入比重为1.30%；R&D人员数为35.35万人，占其从业人员数的比重为7.07%。专利商标密集型产业R&D经费内部支出占其主营业务收入的比重、研发人员数占其从业人员数的比重分别是非专利商标密集型产业的1.57倍和1.67倍。

③江苏省规模以上工业企业专利商标密集型产业创新产出高。2016年，江苏省专利商标密集型产业新产品销售收入为16 324.25亿元，占其主营业务收入的比重为21.14%，占全部规模以上工业企业新产品销售收入的比重达到58.16%。全省51个专利商标密集型产业平均新产品销售收入为320.08亿元，是150个非专利商标密集型产业平均新产品销售收入的4.09倍。

④江苏省规模以上工业企业专利商标密集型产业的出口贡献大。2016年，

江苏省专利商标密集型产业出口交货值达到 9879.48 亿元，占全部规模以上工业企业出口交货值的比重达到 42.42%。全省 51 个专利商标密集型产业平均出口交货值为 193.72 亿元，是 150 个非专利商标密集型产业平均出口交货值的 2.17 倍。

⑤江苏省规模以上工业企业专利商标密集型产业经济效益好，资产负债率明显低于非专利商标密集型产业。2016 年，江苏省专利商标密集型产业资产负债率为 49.93%，优于非专利商标密集型产业 4.92 个百分点。

⑥江苏省规模以上工业企业专利商标密集型产业劳动报酬高，其平均工资明显高于非专利商标密集型产业。2016 年，江苏省专利商标密集型产业平均年工资为 6.49 万元／人，是非专利商标密集型产业平均工资的 1.11 倍。

4.3.2 分类结果

报告借鉴 USPTO 知识产权密集型产业的统计方法，将所有专利密集型产业、商标密集型产业、版权密集型产业的并集部分，定义为知识产权密集型产业。

（1）专利密集型产业

报告将产业专利密集度和发明专利授权数量规模均达到全省平均水平以上的产业定义为专利密集型产业，最终报告定义了 33 个专利密集型产业，如表 4-3 所示。

表 4-3　江苏省专利密集型产业目录

序号	国民经济行业代码	国民经济行业名称	专利密集度（件／万人）
1	356	电子和电工机械专用设备制造	195.11
2	371	铁路运输设备制造	140.20
3	342	金属加工机械制造	118.95
4	401	通用仪器仪表制造	112.75
5	271	化学药品原料药制造	96.63
6	359	环保、社会公共服务及其他专用设备制造	95.60
7	358	医疗仪器设备及器械制造	95.23
8	276	生物药品制造	92.22

续表

序号	国民经济行业代码	国民经济行业名称	专利密集度（件/万人）
9	352	化工、木材、非金属加工专用设备制造	91.83
10	355	纺织、服装和皮革加工专用设备制造	86.99
11	385	家用电力器具制造	83.54
12	402	专用仪器仪表制造	82.13
13	351	采矿、冶金、建筑专用设备制造	79.24
14	263	农药制造	78.93
15	272	化学药品制剂制造	76.78
16	264	涂料、油墨、颜料及类似产品制造	76.16
17	266	专用化学产品制造	75.72
18	341	锅炉及原动设备制造	69.43
19	382	输配电及控制设备制造	67.09
20	346	烘炉、风机、衡器、包装等设备制造	66.88
21	343	物料搬运设备制造	64.72
22	324	有色金属合金制造	63.93
23	222	造纸	57.79
24	265	合成材料制造	56.01
25	393	广播电视设备制造	55.41
26	344	泵、阀门、压缩机及类似机械制造	45.80
27	333	集装箱及金属包装容器制造	44.11
28	261	基础化学原料制造	44.11
29	396	电子器件制造	43.03
30	381	电机制造	42.00
31	383	电线、电缆、光缆及电工器材制造	38.30
32	339	其他金属制品制造	37.93
33	345	轴承、齿轮和传动部件制造	36.08

（2）商标密集型产业

报告将产业商标密集度和商标规模均达到全省平均水平以上的行业定义为商标密集型产业，最终确定了35个商标密集型产业，如表4-4所示。

表 4-4　江苏省商标密集型产业目录

序号	国民经济行业代码	国民经济行业名称	商标密集度（件/万人）
1	272	化学药品制剂制造	601.40
2	263	农药制造	594.73
3	151	酒的制造	527.63
4	139	其他农副食品加工	317.25
5	268	日用化学产品制造	306.73
6	386	非电力家用器具制造	289.33
7	274	中成药生产	270.22
8	245	玩具制造	267.89
9	361	汽车整车制造	203.94
10	149	其他食品制造	195.32
11	353	食品、饮料、烟草及饲料生产专用设备制造	193.11
12	376	自行车制造	158.08
13	271	化学药品原料药制造	122.06
14	264	涂料、油墨、颜料及类似产品制造	114.69
15	276	生物药品制造	112.20
16	203	木制品制造	109.85
17	358	医疗仪器设备及器械制造	100.69
18	343	物料搬运设备制造	96.10
19	401	通用仪器仪表制造	92.48
20	152	饮料制造	91.43
21	375	摩托车制造	90.09
22	181	机织服装制造	89.85
23	385	家用电力器具制造	87.99
24	177	家用纺织制成品制造	80.51
25	355	纺织、服装和皮革加工专用设备制造	69.21
26	341	锅炉及原动设备制造	67.88
27	402	专用仪器仪表制造	65.70
28	359	环保、社会公共服务及其他专用设备制造	65.10
29	282	合成纤维制造	60.88

续表

序号	国民经济行业代码	国民经济行业名称	商标密集度（件/万人）
30	178	非家用纺织制成品制造	60.23
31	334	金属丝绳及其制品制造	56.75
32	382	输配电及控制设备制造	54.10
33	265	合成材料制造	53.28
34	383	电线、电缆、光缆及电工器材制造	52.02
35	266	专用化学产品制造	51.14

（3）版权密集型产业

报告参照世界知识产权组织、美国专利商标局，以及国家知识产权局有关版权密集型产业分类标准，将电信、广播电视传输服务、卫星传输服务、互联网接入及相关服务等行业定义为版权密集型产业，最终确定了51个版权密集型产业，如表4-5所示。

表4-5 江苏省版权密集型产业

国民经济行业代码	国民经济行业名称	国民经济行业代码	国民经济行业名称
631	电信	746	环境与生态监测
632	广播电视传输服务	747	地质勘查
633	卫星传输服务	748	工程技术
641	互联网接入及相关服务	749	其他专业技术服务业
642	互联网信息服务	851	新闻业
649	其他互联网服务	852	出版业
651	软件开发	861	广播
652	信息系统集成服务	862	电视
653	信息技术咨询服务	863	电影和影视节目制作
654	数据处理和存储服务	864	电影和影视节目发行
655	集成电路设计	865	电影放映
659	其他信息技术服务业	866	录音制作
721	企业管理服务	871	文艺创作与表演
722	法律服务	872	艺术表演场馆

续表

国民经济行业代码	国民经济行业名称	国民经济行业代码	国民经济行业名称
723	咨询与调查	873	图书馆与档案馆
724	广告业	874	文物及非物质文化遗产保护
725	知识产权服务	875	博物馆
726	人力资源服务	876	烈士陵园、纪念馆
727	旅行社及相关服务	877	群众文化活动
728	安全保护服务	879	其他文化艺术业
729	其他商务服务业	891	室内娱乐活动
741	气象服务	892	游乐园
742	地震服务	893	彩票活动
743	海洋服务	894	文化、娱乐、体育经纪代理
744	测绘服务	899	其他娱乐业
745	质检技术服务		

4.4 中国版权相关产业研究

4.4.1 研究背景

为了提升社会公众对版权制度的认识，培育"弘扬创新精神，尊重知识产权"的法律文化，中国国家版权局以多种形式做了大量工作，并面向大众广泛宣传了"版权创造财富"的现实意义。在此之前，我国对版权制度促进经济发展的作用，特别是对版权相关产业的经济贡献缺乏量化研究。针对这种情况，2007 年，中国国家版权局与世界知识产权组织决定合作开展"中国版权相关产业的经济贡献调研"项目。项目的主要任务是参照世界知识产权组织提供的方法，对中国版权相关产业进行调查并给予量化分析，掌握中国版权相关产业对国民经济的贡献水平，研究其基本状况与发展趋势。《中国版权相关产业的经济贡献》一书即为该项目的研究成果。

这是中国首次开展对版权相关产业经济贡献的调研，课题组通过与世界知识产权组织及相关国际专家的密切合作,充分吸收国际上版权相关产业经济贡献调研的经验。同时,立足中国实际,明确了中国版权相关产业的概念、范围与分类,并通过较为深入的调查研究获取了大量一手资料。在全面细致的数据统计分析的基础上,就中国版权相关产业的发展状况、发展环境及与国民经济发展的关系形成了若干重要结论,具有较高的专业性、科学性、系统性,对了解和认识我国版权相关产业的实际状况,以及对国民经济的贡献具有开创性意义。

4.4.2 分类结果

调研的目标是利用世界知识产权组织提供的方法,对中国版权相关产业进行调查并提供量化分析,具体包括行业增加值、就业人数、出口额这3个经济指标。基于统计数据的限制,研究仅对2004年度与2006年度中国版权相关产业的经济贡献进行了调查与测算。参照世界知识产权组织的界定与分类方法,中国版权相关产业包括全部或部分活动与中国版权法保护的作品或其他受版权法保护的客体相关的产业。这些活动包括创作、制作、表演、广播、传播、展览或发行和销售。依据对版权的依赖程度,这些产业分为核心版权产业、相互依存的版权产业、部分版权产业、非专用支持产业4个类别。

经过调查与测算,中国版权相关产业对国民经济的贡献为:

2004年度:行业增加值7884亿元人民币,占全国GDP的4.9%;就业人数616万人,占全国总就业人数的5.6%;商品出口总额922亿美元,占全国出口总值的15.5%。

2006年度:行业增加值13 489亿元人民币,占全国GDP的6.4%;就业人数763万人,占全国总就业人数的6.5%;商品出口总额为1493亿美元,占全国出口总值的15.4%。

从整体上看,中国版权相关产业初具规模,版权对国民经济已产生了较为显著的影响。从各国的研究结果看,版权相关产业的行业增加值年增长率高于GDP年增长率,版权相关产业,特别是文化创意活动、数字和网络技术及软件开发和服务等都是经济活动中最具有活力的领域之一,在推动经济增长方面具有重要作用。与其他国家相比,中国全部版权相关产业对经济的贡献率相对较高，核心版权产业与发达国家间还存在一定差距，但有较大上升空间，部分版权产业因版权而产生的经济贡献还相对较低。

从宏观上看，中国已经建立起比较完善的版权保护制度，为版权相关产业的发展奠定了基础。各级政府也出台了一系列促进版权相关产业发展的政策措施，版权相关产业的发展正得到越来越多的关注；但版权相关产业还需要更多的政策引导与扶持，发展环境还需要进一步优化；全社会的版权保护法律意识，特别是版权产业从业人员的版权自律和维权意识还有待提高。版权保护的市场环境还未根本改善，侵权盗版现象还比较严重，这在一定程度上抑制了企业的自主创新能力，影响了版权相关产业的发展。

未来中国版权相关产业发展应注重以下几点：一是完善统计体系，在《国民经济行业分类》中建立版权相关产业的派生分类，为界定、规范我国的版权相关产业提供参考，也为建立、完善版权相关产业统计制度及版权相关产业的研究奠定基础；二是加强宣传教育，增强从业人员版权意识，让版权法律制度被广大公民所熟悉，成为他们确认和保障自身权利、尊重和维护他人权利的普遍准则；三是制定版权政策，促进区域经济协调发展。中国地域广阔、历史悠久，不同地区的版权相关产业也各有特点，多数地方还没有制定适合当地版权相关产业发展的版权政策。建议各地针对当地版权相关产业的特色与优势，完善版权扶持政策，培育地区特色产业，促进区域经济协调发展。

虽然2007年的研究为我们揭示了中国版权相关产业对国民经济贡献显著，并提供了大量宝贵的数据和洞见，但考虑到其研究数据截至2006年，较为久远，需要注意其在当前快速变化的技术和市场环境下的适应性。随着时间的推移，原有的数据和结论可能不再完全适合现代的需求，因此这些成果虽是有益的尝试，但亟须运用现代化的方法和技术进行更新和扩展。研究更新后不仅能提供更准确的数据，还能帮助政府和企业更好地制定策略，以支持版权相关产业的持续发展。这种持续的研究和政策更新是确保版权政策与国家经济和技术发展保持同步的关键。

4.5 中国商标行业发展研究

4.5.1 研究背景

建设知识产权强国是建设社会主义现代化强国的必然要求，是推进国家治理体系和治理能力现代化的内在需要，是推动构建新发展格局的重要支撑。为贯彻落实习近平总书记关于知识产权工作重要指示和党中央、国务院决策部署，更好支撑国家经济社会发展的重大举措，在更高起点上推动知识产权事业高质量发展，基于中经先略市场咨询中心对商标行业深入、广泛的调查研究，并结合国家统计局、商务部、工商部门、海关、行业协会等官方权威数据，由中国产业发展研究网专家团队共同编写了《中国商标行业发展研究报告》。报告采用从国家市场监督管理总局、佛山市国方商标服务有限公司、科睿唯安等机构和企业获取的商标行业及企业数据，对商标申请及注册情况和商标代理机构情况进行了挖掘整理和深度分析。

4.5.2 主要结论

据统计，2018年中国商标申请注册总量为737.1万件，到2021年中国商标申请注册总量增长到945.1万件，2022年我国商标申请注册总量有所下降，为751.6万件。与2021年相比，2022年受疫情及全球经济下滑等多种因素影响，当年经济活力的下降较为明显，企业对新品牌发布动力降低，尤其是商标局对第四条第一款"不以使用为目的的恶意商标注册申请"的放量性适用，客观上限制了申请人提交商标申请的数量，从而导致了2022年全年商标申请数量的大幅下降。相比2021年，2022年我国商标新申请总体数量下降了近200万件。随着疫情结束，经济反弹及"放管服"改革的深入推进和营商环境的不断优化，我国商标数量和市场规模将继续保持稳定增长态势。

中国商标市场的迅速发展，反映出中国对知识产权保护的重视和经济增长活力的释放，具体特点如下：①商标申请数量巨大。近年来，中国的商标申请数量已经超过了全球任何其他国家，其原因在于中国经济的持续增长和知识产权保护意识的增强。②商标保护力度增强。中国政府采取了一系列措施来加强商标保护,包括修订相关法律、规定更严厉的惩罚措施、提高法院的处理能力等。③数字化趋势显著。国家知识产权局提供了一系列的在线服务,使得商标申请和管理更加便捷。

然而,中国的商标市场也存在一些问题和挑战。①商标滥用问题。一些企业为了获取不当利益,会大量注册商标,甚至包括已经被其他企业使用的商标。这种行为不仅侵犯了他人的权益,也破坏了市场的公平竞争。②侵权行为。尽管中国政府已经加大了对侵权行为的打击力度,但由于市场规模庞大,侵权行为仍然普遍存在。③法律执行力度不足。尽管中国的知识产权法律已经相当完备,但在法律的执行方面,仍然存在一些问题,如法院处理案件的效率较低,对侵权行为的惩罚力度不足等。④商标审查标准不一。在一些情况下,商标审查的标准并不统一,这可能导致对相同或相似商标的判断出现差异。

随着中国经济的快速增长和经济全球化步伐的加快,商标作为企业无形资产的重要组成部分,其重要性日益凸显。企业通过有效的商标管理不仅可以保护自身权益,还能增强市场竞争力和品牌影响力。然而,商标市场的快速扩张也带来了侵权风险增加、审查标准不一,以及法律执行难度加大等问题。因此,构建一个健康、高效的商标体系,对于促进企业创新和维护市场秩序具有重要意义。

为了应对中国商标市场的快速发展及挑战,并支持中国企业有效地利用商标知识产权来提升其市场竞争力,下面的战略建议旨在优化商标管理和加强品牌价值。

提升商标与品牌意识。①实施针对企业主和创业者的商标意识提升计划,通过研讨会、在线课程和合作高校课程等形式,普及商标知识和品牌建设的重要性。②为中小企业提供商标策略咨询服务,帮助它们认识到商标在全球市场中的价值,并指导它们如何有效地进行国际商标注册。

优化商标注册和管理流程。①开发更高效的在线商标申请和管理系统,确保申请过程的透明度和可追踪性。②实行更快的商标审查流程,并提供快速反馈机制,减少企业在申请过程中的等待时间和成本。

严格执法并创新法律支持措施。①加大对商标侵权的打击力度,提高违法成本,公正严格地执行商标法律。②探索引入技术手段,如人工智能在监控和识别商标侵权中的应用,以提升侵权检测和响应的速度。

国际合作与全球战略。①与主要国家和地区的商标机构建立更紧密的合作关系,为中国企业在国外市场的商标保护提供支持。②促进与国际组织的合作,分享最佳实践,学习国际先进的商标管理经验。

促进商标价值的实际运用。①建立商标价值评估标准,帮助企业量化其商标的财务价值,增强商标作为资产的融资能力。②在企业并购、品牌扩展等商业决策中,有效利用商标资产评估结果,指导企业战略发展。

通过上述措施,可以系统地解决当前商标管理中存在的问题,同时提升企业利用商标保护和商业化其品牌的能力。在全球化竞争日益激烈的市场环境中,一个健全的商标系统将成为企业赢得竞争优势的关键因素。因此,这些措施将促进知识产权的整体发展,提高企业的创新能力和市场适应性,从而推动国家经济的持续健康发展。

5 知识产权密集型产业的国际比较研究

在全球经济向知识密集型和技术驱动型转变的大背景下,知识产权密集型产业作为推动经济增长和产业升级的关键力量,对知识产权密集型产业发展现状的国际比较研究显得尤为重要。基于当前对知识产权密集型产业的深入分析与理解,本研究以主流报告为基础,进一步探索知识产权密集型产业的测算方法、国际比较及经济贡献,为推动我国知识产权密集型产业的持续健康发展提供理论依据和实践指导。

5.1 概述

美国经济学家 Siwek 在 2005 年发布的《增长的引擎:美国知识产权产业的经济贡献》(*Engines of Growth: Economic Contributions of the U.S. Intellectual Property Industries*)报告中首次对美国知识产权产业进行划分,该报告将 NAICS 中的知识产权产业为 3 类:汇聚产业(依赖专利和版权进行生产创作的产业)、其他专利产业(依靠专利法律保护生产的产业)、非专门支持产业(为汇聚产业和其他专利产业提供服务的相关产业)。分类提供了一种新的理解和分析美国知识产权密集型产业对经济贡献的方法,不仅有助于准确评估知识产权对经济增长的具体贡献,而且对后续知识产权密集型产业的政策制定和经济研究具有重要意义。

2012 年,ESA 和 USPTO 发布了一份题为《知识产权与美国经济:产业聚焦》的报告(以下简称 2012 年报告)。2012 年报告指出,最严重依赖知识产权(专利、商标或版权)的行业属于知识产权密集型产业,并估计了这些行业对美国经济的贡献。2012 年报告吸引并激励其他机构和组织开展类似的研究,调查知识产权在各个国家、行业和公司中的使用情况和影响。2016 年,ESA 和 USPTO 发布了基于 2012 年报告的《知识产权与美国经济:2016 更新版》。2022 年 3 月 17 日,USPTO 发布了《知识产权与美国经济:第 3 版》,该报告以 2012 年和 2016 年的版本为基础,更新了知识产权密集型产业对美国经济的重要性的认识,并重新审视了衡量这些结果所采用的方法。更新的重点仍然是衡量知识产权的使用强度,以及知识产权密集型产业与美国国内生产总值、就业和工资等经济指标的持续关系。报告中的数据更加精确,提高了识别行业内公司和新行业的准确性。该系列报告聚焦研究知识产权密集型产业对美国经济的贡献。同时,美国、欧盟、中国等主要经济体围绕知识产权密集型产业的认定及其对经济的贡献纷纷开展研究并发布相关报告。例如,2015 年 3 月美国战略研究机构民间智库(DNP Analytics)发布《知识产权密集型产业:促进美国经济增长》报告。EUIPO 与 EPO 在 2013 年首次就上述议题展开调查之后,分别于 2016 年、2019 年和 2022 年发布由其共同编制的主题为《知识产权密集型产业及其在欧盟的经济表现》的报告,旨在就知识产权密集型产业对于欧盟经济作出的贡献进行评估。具体来讲,为了确保报告具有一定的实用性,EUIPO 和 EPO 在其中加入了很多新内容,以便更好地描述欧盟知识产权密集型产业的现状。一方面,研究报告所涉及的行业数量已经出现了变化;另一方面,该报告还增加了一个专门用于讨论减缓气候变暖技术及其经济影响的章节。此外,报告还提供了有关英国、挪威、瑞士和冰岛的信息,以补充 27 个欧盟成员国的数据。知识产权密集型产业指的是那些使用知识产权的行业中,每位员工的知识产权使用率高于平均水平的行业。这意味着,如果在某个产业中,每位员工对于知识产权的使用率超过了使用同一种知识产权的所有欧盟行业的平均水平,那么该产业就会被确定为欧盟的知识产权密集型产业。此外,国家知识产权局发布《专利密集型产业目录(2016)》(试行)(以下简称《目录》）和《中国专利密集型产业主要统计数据报告（2015）》，专利密集型产业目录是知识产权密集型产业目录的一项重要组成部分。《目录》编制参考国际常用认定方法，兼顾我国产业发展特色，确定了以定量测度发明专利密集度、存量规模等指标为主，定性考虑政策引导性等因素为辅的界定方法。专利密集型产业需满足以下条件：一是产业发明专利密集度和发明专利授权规模均达到全国平均水平以上；二是产业成长性好，与创新发展的政策导向高度契合。

目前，国内外有关知识产权密集型产业的报告主要都是沿袭美国与欧盟的研究思路，一方面将知识产权密集型产业定义为人均就业员工知识产权拥有量高于经济体系所有产业平均水平的产业；另一方面在界定具体的知识产权密集型产业时，采用标准的统计分析方法，并考虑知识产权的密集程度，对知识产权密集型产业进行分类。从知识产权密集型产业的细分产业数量来看，目前国内外主要研究报告主要有2种划分方式，一种是将知识产权密集型产业划分为3类：商标密集型、专利密集型、版权密集型，如美国、中国江苏省的报告；另一种是将知识产权密集型产业划分为6类：商标密集型、专利密集型、版权密集型、外观设计密集型、地理标志密集型和植物品种权密集型，如欧盟的报告。目前发布的有关知识产权密集型产业的报告主要有两类，一类是对知识产权密集型产业进行综合分析的报告（表5-1）；另一类则是选取知识产权密集型产业中的某一产业进行分析的报告（表5-2）。

表5-1 综合性知识产权密集型产业报告汇总

报告中文名称	发布时间	发布机构	研究国家/地区	研究产业
《知识产权与美国经济：产业聚焦》	2012年3月	ESA和USPTO	美国	专利密集型、商标密集型、版权密集型
《知识产权密集型产业：对欧盟经济表现及就业的贡献》	2013年9月	EPO和OHIM	27个欧盟成员国	专利密集型、商标密集型、版权密集型、地理标志密集型、外观设计密集型
《知识产权与美国经济：2016更新版》	2016年9月	ESA和USPTO	美国	专利密集型、商标密集型、版权密集型

续表

报告中文名称	发布时间	发布机构	研究国家/地区	研究产业
《知识产权密集型产业及其在欧盟的经济表现》	2016年10月	EPO和EUIPO	欧盟	专利密集型、商标密集型、版权密集型、地理标志密集型、外观设计密集型、植物品种权密集型
《江苏省知识产权密集型产业统计报告》	2016年12月	江苏省专利信息服务中心	中国江苏省	专利密集型、商标密集型、版权密集型
《知识产权密集型产业及其在欧盟的经济表现》	2019年9月	EPO和EUIPO	欧盟	专利密集型、商标密集型、版权密集型、地理标志密集型、外观设计密集型、植物品种权密集型
《知识产权与美国经济：第3版》	2022年3月	USPTO	美国	专利密集型、商标密集型、版权密集型
《知识产权密集型产业及其在欧盟的经济表现》	2022年10月	EPO和EUIPO	欧盟	专利密集型、商标密集型、版权密集型、地理标志密集型、外观设计密集型、植物品种权密集型

表5-2 知识产权密集型产业报告汇总

报告中文名称	发布时间	发布机构	研究国家/地区	研究产业
《专利密集型产业目录（2016）》（试行）	2016年12月	国家统计局	中国	专利密集型
《拉丁美洲商标——对该地区5个国家的经济影响的研究》	2017年1月	INTA和ASIPI	智利、哥伦比亚、墨西哥、巴拿马和秘鲁	商标密集型
《商标密集型行业的经济贡献——印度尼西亚、马来西亚、菲律宾、新加坡和泰国》	2017年8月	INTA	印度尼西亚、马来西亚、菲律宾、新加坡和泰国	商标密集型
《拉丁美洲商标——对拉丁美洲和加勒比地区10个国家的经济影响》	2019年10月	INTA和ASIPI	阿根廷、巴西、智利、哥伦比亚、哥斯达黎加、多米尼加共和国、危地马拉、墨西哥、巴拿马和秘鲁	商标密集型

续表

报告中文名称	发布时间	发布机构	研究国家/地区	研究产业
《知识产权（专利）密集型产业统计分类(2019)》	2019年4月	国家统计局	中国	专利密集型

表5-3统计了现有主要综合性研究报告中知识产权密集型产业的细分产业分布情况，不同国家或地区的知识产权密集型产业的划分种类及总数存在差异，从不同知识产权密集型产业的分布来看，主要特点如下：一是商标密集型产业分布最广，是知识产权密集型产业中的重要组成部分，除中国江苏省发布的报告外，美国和欧盟在发布的各份报告中商标密集型产业均为占比最高的细分产业类型，在全部知识产权密集型产业中的比重约80%，说明商标在各行业中都得到了广泛使用。二是部分知识产权密集型产业发生了重叠，即同一产业内存在至少两个知识产权类型被同时使用，从图5-1中可以看出，美国2012及2016版报告中单一密集型产业的占比均在65%以上，美国2022版报告中骤降为26.98%，其原因是2022版报告中增加了外观密集型产业类型，使得许多产业被确认为多类密集型而不再是单一密集型产业。中国江苏省的报告中单一密集型产业的占比为32.67%，而欧盟报告中的单一密集型产业占比均不足35%。

表5-3 主要报告知识产权密集型产业分布

报告	知识产权密集型	专利密集型	商标密集型	版权密集型	外观设计密集型	地理标志密集型	植物品种权密集型	单一密集型产业
美国2012	75	26	60	13	—	—	—	36个仅为商标密集型、8个仅为专利密集型、7个仅为版权密集型
美国2016	81	25	66	13	—	—	—	43个仅为商标密集型、10个仅为专利密集型、5个仅为版权密集型

续表

报告	知识产权密集型	专利密集型	商标密集型	版权密集型	外观设计密集型	地理标志密集型	植物品种权密集型	单一密集型产业
美国2022	127	70	110	13	85	—	—	25个仅为商标密集型、2个仅为专利密集型、6个仅为外观设计密集型
欧盟2013	321	140	277	33	165	4	—	73个仅为商标密集型、16个仅为专利密集型、13个仅为外观设计密集型、8个仅为版权密集型
欧盟2016	342	140	277	78	165	4	6	62个仅为商标密集型、15个仅为专利密集型、11个仅为外观设计密集型、28个仅为版权密集型、1个仅为地理标志密集型、1个仅为植物品种权密集型
欧盟2019	353	148	280	79	184	4	10	59个仅为商标密集型、17个仅为专利密集型、14个仅为外观设计密集型、28个仅为版权密集型、1个仅为植物品种权密集型
欧盟2022	357	150	275	77	177	4	11	58个仅为商标密集型、23个仅为专利密集型、16个仅为设计密集型、29个仅为版权密集型、2个仅为植物品种权密集型
江苏2016	101	33	33	51	—	—	—	17个仅为专利密集型、17个仅为商标密集型、51个仅为版权密集型

注:"—"表示该国在相应年份的报告中未涉及该类企业。

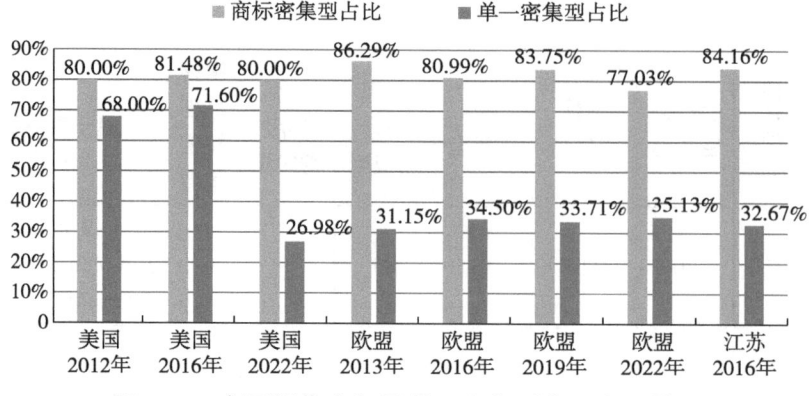

图 5-1 主要报告商标及单一密集型产业占比情况

5.2 专利密集型产业

5.2.1 产业研究现状

专利密集型产业是知识产权密集型产业的重要组成部分，发展专利密集型产业在建立国家创新体系中有着重要的战略意义。最早对专利密集型产业进行界定的是美国，随后世界其他主要经济体在美国界定专利密集型产业的基础上，发布专利密集型产业界定发展相关报告。例如，欧盟的《知识产权密集型产业及其在欧盟的经济表现》，中国的《中国区域产业专利密集度统计报告》、《专利密集型产业目录（2016）》（试行）、《知识产权（专利）密集型产业统计分类（2019）》等。专利密集型产业虽然在 2012 年才正式出现在人们的视野中，但各国早已把专利密集型产业的发展提上日程。专利密集型产业是实现经济增长的新增长极，也是产业结构转型与升级的关键之一，在世界经济竞争中有着举足轻重的地位。

目前，欧美国家或组织对于专利密集型产业的定义原则基本一致，认为专利密集型产业就是单位就业人数发明专利数量高于所有产业整体平均水平的产业。2012 年，美国所发布的报告《知识产权与美国经济：产业聚焦》首次较为明确地将专利密集型产业定义为人均专利量高于所有产业人均专利平均值的产业。在此之后发布的《知识产权与美国经济：2016 更新版》与欧盟发布的报告

《知识产权密集型产业：对欧盟经济表现及就业的贡献》中均沿用该定义。

我国在2019年发布的《知识产权（专利）密集型产业统计分类（2019）》中提出专利密集型产业是指发明专利密集度、规模达到规定的标准，依靠知识产权参与市场竞争，符合创新发展导向的产业集合。与欧美国家相比，我国许多产业仍处于发展不完善的阶段，因此在定义专利密集型产业时，也要兼顾我国产业的发展特色与未来发展方向。

5.2.2 专利技术分类与产业分类

将专利数据用于产业统计和经济分析，需要建立专利分类与产业分类的对应关系，目前主要采用的是依靠人工判定、基于语义的自动映射等方法。常用的专利分类方法主要有国际专利分类（IPC）、美国专利分类（USPC）、欧洲专利分类（ECLA）、日本专利分类（FI/FT）及美欧联合开发的联合专利分类（CPC）；常用的产业分类方法主要有NAICS、ISIC、中国国民经济行业分类等。

当前国际上还没有标准统一的专利分类与产业分类对照表，且现有对照表中专利分类号有些仅能对照到较宽泛或较高的分类级别，且还存在同一分类号与多个产业对应的情况，难以准确表达产业数据。目前由国家主管部门或重要组织发布的代表性参考体系有3个：1994年OECD公布了《技术领域与IPC分类号对照表》，建立OST-INPI/FhG-ISI技术领域（行业）与IPC分类的对应关系；2002年USPTO在美国专利分类体系和北美产业分类体系间建立了对照关系，以确定这些专利涉及的产业类别；国家知识产权局2015年发布的《国际专利分类与国民经济行业分类参照关系表（试用版）》建立专利与国民经济行业的映射关系，为专利的行业分类在中国的应用提供依据。

5.2.3 产业界定方法

(1) 美国专利密集型产业界定方法

美国的专利分为3类：发明专利、外观设计专利和植物专利。其中，发明专利被进一步细分为430个以上的专利技术分类以区分发明所设及的内容，并且 USPTO 沿用了发明专利技术分类与 32 个 NAICS 代码之间的联系，这使得研究者可以根据发明专利的技术分类信息统计各产业的发明专利数据。需要注意的是，分析专利密集型产业时的专利仅指颁发给美国单位和个人的发明专利。

美国在界定专利密集型产业时仅使用了一个专利密集度的概念，认为就业人数可用于反映一个行业的规模，因此通过 NAICS 分类中某产业 5 年专利与行业 5 年平均就业人数之比来计算专利密集度，将专利密集度高于整体平均值的产业界定为专利密集型产业。通过使用 5 年而不是仅仅 1 年的数据，可以最大限度地降低个别年份的随机性、异常性、偏移性等不可控因素所带来的影响。

《知识产权与美国经济：第 3 版》将专利密集型产业进一步细化为实用新型及外观设计密集型产业两种类型，通过获得的知识产权授权专利数量与产业就业人数的比例来界定。构建了知识产权密集度指标，该指标为截至 2016 年的 5 年内获得的知识产权数量除以每 1000 名员工，将知识产权密集度高于所有产业平均水平的产业定义为知识产权密集型产业。

2022 版并未沿用 NAICS 代码，而是将每个授予的知识产权与一个行业联系起来，并使用国家机构时间序列（NETS）数据库中包含的详细数据将注册国内权利所有者与行业匹配，该数据库包含了超过 6000 万家机构的详细数据（包括主要行业），并涵盖了 1989—2016 年的时间段。

（2）欧盟专利密集型产业界定方法

欧盟对专利密集型产业的界定方法与美国相似，通过提出"专利相对密集度"的概念，即划分到某个产业的欧洲专利数量与该产业的总就业人数（件／千人）的比值，将专利相对密集度高于平均水平的产业界定为专利密集型产业。

具体来说，认定专利密集型产业分为 3 个步骤：首先，计算出《欧洲专利公约》（EPC）为每个行业保护的专利总数，称之为专利绝对强度，其以世界专利统计数据库为起点，经过对数据的过滤和匹配，计算数据集中存在的每个唯一 NACE 行业代码的分数计数，从而得出专利绝对强度；其次，从欧盟统计局的结构商业统计（Structural Business Statistics，SBS）表中提取特定年份欧盟每个行业的就业数据,专利相对强度是指分配给某个行业的授权专利数量除以该行业的总就业数量,其结果表示为每 1000 名员工的专利数量;最后,计算出每 1000 名员工的专利总体平均数量后,将其与专利相对强度相比较,每 1000 名员工的专利数量高于总体平均值的行业即为专利密集型产业。

(3) 中国专利密集型产业的界定方法

中国在界定专利密集型产业时借鉴了美国与欧盟报告中使用的"专利密集度"的方法,并且对专利规模及 R&D 投入强度提出了个性化标准,且要求必须符合一定产业范畴(表 5-4)。这种界定方法是在历年研究和地方试点的基础上,兼顾了我国产业发展特色,确定了以定量测度发明专利密集度、专利规模、R&D 投入强度等指标为主,定性考虑政策引导性(将专利密集型产业目录与国家政策性产业目录,如战略性新兴产业、中国制造 2025、高技术制造业、产业关键共性技术等进行比较分析)等因素为辅的界定方法。因此,我国专利密集型产业界定方法考量的因素更为全面。

从专利密集度的测算方法来看,各个国家对专利密集度的计算原理基本相同,即:以产业内发明专利数量与就业人数的比值来反映相对产业规模的专利水平。这种方法使所有产业基准相同,消除了时间波动和不确定因素的影响。专利最密集的产业并非专利数量最多的产业,而是发明专利数量与单位就业人数的比值最高的产业。值得注意的是,在专利数量的选取上,美国和中国采用的都是发明专利授权总量,而欧洲专利局采用的是专利申请量。一般认为,发明专利授权量是体现专利质量的关键指标,也是衡量产业经济就业贡献的重要指标。

表 5-4 美国、欧盟和中国专利密集型产业界定方法对比

国家/组织	专利和产业的关联方式	专利密集型产业的界定标准	产业专利密集度的测算方法
美国	USPC 和 NAICS	NAICS 分类中专利密集度高于所有产业整体平均水平的产业	NAICS 分类中某产业(行业)5 年专利总数 / 该产业(行业)5 年平均就业人数

续表

国家/组织	专利和产业的关联方式	专利密集型产业的界定标准	产业专利密集度的测算方法
欧盟	EPO 和 OHIM 收集的专利信息与全球企业数据库（ORBIS）中公司信息进行匹配	相对专利强度高于所有产业平均水平的产业	某产业（行业）受 EPC 保护的专利总数 / 该产业（行业）的就业人数
中国	国民经济产业分类与国际专利分类对照表	至少应当具备下列条件之一： 1. 行业发明专利规模和密集度均高于全国平均水平 2. 行业发明专利规模和 R&D 投入强度高于全国平均水平，且属于战略性新兴产业、高技术制造业、高技术服务业 3. 行业发明专利密集度和 R&D 投入强度高于全国平均水平，且属于战略性新兴产业、高技术制造业、高技术服务业	某产业（行业）5 年发明专利授权之和 / 该产业（行业）5 年平均就业人数

5.2.4 产业细分行业构成

目前，美国定义了 70 个专利密集型产业，欧盟定义了 150 个专利密集型产业，中国定义了 188 个专利密集型产业。各个经济体的认定方法都基于各自的产业分类体系，如美国采用 NAICS 代码，欧盟采用 NACE 代码，而我国采用 GB/T 代码。为了更好地横向比较中美欧专利密集型产业具体包含的细分行业，我们通过使用联合国发布的《所有经济活动的国际标准行业分类》，将中美欧专利密集型产业的代码均转换为 ISIC 代码并进行去重，最终结果显示我国的专利密集型产业对应 61 个小类，美国的对应 72 个小类，欧盟的对应

105 个小类；按照该分类标准，所有经济活动细分行业可归为 21 个门类，得到中美欧专利密集型产业的细分行业所涉及大类，如表 5-5 所示。其中，中国涵盖 4 个大类、61 个小类，欧盟涵盖 7 个大类、105 个小类，而美国仅涵盖 2 个大类、72 个小类。

表 5-5 中美欧基于 ISIC 分类下的专利密集型产业统计

ISIC 大类	ISIC 小类 / 个		
	中国	美国	欧盟
B：采矿和采石业	—	—	5
C：制造业	50	71	83
D：电力、燃气、蒸汽和空调供应	—	—	2
E：供水；污水、废物管理和修复活动	1	—	—
G：批发和零售业	—	—	7
J：信息和通信业	7	—	3
M：专业、科学和技术活动	3	—	4
N：行政和辅助服务活动	—	1	1
合计	61	72	105

梳理中美欧专利密集型产业的细分行业发现，共有 39 个行业同时出现在中美欧的识别体系中（表 5-6），这 39 个行业全部属于制造业。可以看出，传统制造业仍是主要的发明专利贡献产业，其专利密集度在中美欧的全部产业中均处于较高水平。这表明中美欧均试图通过专利的竞争优势抢占相关产业市场，也说明未来发展中这些产业的提升将更加依靠知识产权，依靠这些知识产权所保护的核心技术。美国的专利密集型产业中有 71 个行业均属于制造业，占比高达 98.61%。欧盟的专利密集型产业共包含 7 个大类，其中制造业占比 79.05%，批发和零售业次之。我国共包含 4 个门类，其中制造业占比为 81.97%，信息和通信业次之。就专利密集型产业而言，我国产业种类的多样性要略优于美国，稍差于欧盟，且涵盖行业的数量相比欧盟仍有较大差距。

表 5-6　中美欧共有的专利密集型产业细分行业

行业代码	行业名称	行业代码	行业名称	行业代码	行业名称
2011	基本化学品的制造	2651	测量、检验、导航和控制设备的制造	2819	其他通用机械的制造
2013	初级塑料和合成橡胶的制造	2670	光学仪器和摄影器材的制造	2821	农业和林业机械的制造
2021	农药及其他农业化工制品的制造	2710	电动机、发电机和变压器的制造及配电和控制设备的制造	2822	金属成型机械和机械的制造
2022	颜料、清漆和类似涂料、印刷油墨及胶黏剂的制造	2720	电池和蓄电池的制造	2823	冶金机械的制造
2023	肥皂和洗涤剂、清洁剂和抛光剂、香水及盥洗用品的制造	2740	电力照明设备的制造	2824	采矿、采石及建筑机械的制造
2029	未另分类的其他化学制品的制造	2790	其他电子设备的制造	2825	食品、饮料和烟草加工机械的制造
2100	药品、药用化学品及植物药材的制造	2811	发动机和涡轮机的制造（飞机、汽车和摩托车发动机除外）	2826	用于纺织、服装和皮革生产的机械的制造
2512	油罐、水箱和金属容器的制造	2812	液压设备的制造	2829	其他专用机械的制造
2593	刀具、手工工具和普通金属器具的制造	2813	其他泵、压缩机、旋塞和阀门的制造	2910	汽车的制造
2610	电子元件和电子板的生产	2814	轴承、齿轮、传动和驱动部件的制造	3020	铁道机车及其拖曳车辆的制造
2620	计算机和外部设备的制造	2815	烘炉、熔炉及熔炉燃烧室的制造	3030	飞机、航天器和相关机械的制造
2630	通信设备的制造	2816	起重及装卸设备的制造	3250	医疗和牙科工具和用品的制造

续表

行业代码	行业名称	行业代码	行业名称	行业代码	行业名称
2640	电子消费品的制造	2817	办公机械和设备的制造（计算机及外部产品除外）	3290	未另分类的其他用品的制造

与欧美的专利密集型产业相比，我国共有8个特有细分行业（表5-7），其中除污水处理（3700）和专业化设计活动行业（7410）外，其他均属于信息和通信业。我国在信息和通信业的专利密集型产业数量高于美国和欧盟，这表明我国在信息通信领域的专利生产与研发非常活跃。

表 5-7 中国特有专利密集型产业细分行业

行业代码	行业名称	行业代码	行业名称
3700	污水处理	6311	数据处理、存储及相关活动
6120	无线电信活动	6312	门户网站
6201	计算机程序设计活动	6399	未另分类的其他信息服务活动
6202	计算机咨询服务和设施管理活动	7410	专业化设计活动

美国共有10个特有细分行业（表5-8），除包装活动（8292）外，其余均属于制造业。由于美国专利密集型产业本身制造业的占比高达98.61%，因此特有行业也几乎全由制造业组成，这足以说明美国的传统制造业在知识产权尤其是发明专利的生产中处于非常领先的地位。由此，可以发现在美国的经济发展中，发明专利的生产以第二产业为主，第一产业和第三产业在发明专利生产中处于很弱势的地位，这一点与中国和欧盟形成鲜明的对比。

表 5-8 美国特有专利密集型产业细分行业

行业代码	行业名称	行业代码	行业名称
1410	服装制造，但毛皮服装除外	1910	焦炭炉产品的制造
1512	皮箱、手提包和类似物品，马鞍及挽具的制造	1920	精炼石油产品的制造

行业代码	行业名称	行业代码	行业名称
1629	其他木制品的制造；软木制品、草编制品及编织材料物品的制造	3212	仿真首饰及有关物品的制造
1811	印刷	3220	乐器的制造
1820	记录媒介物的复制	8292	包装活动

欧盟特有的细分行业相比于中美涵盖面更广、种类更齐全，35 个特色行业涉及自然资源开采，制造业，电力、燃气、蒸汽和空调供应、零售和批发业，信息和通信业，专业、科学和技术活动业，以及行政和辅助活动业（表5-9）。其中，属于制造业的行业有 16 个，占比将近一半。

表 5-9 欧盟特有专利密集型产业细分行业

行业代码	行业名称	行业代码	行业名称	行业代码	行业名称
0610	原油的提取	2395	混凝土、水泥和石膏制品的制造	4530	汽车零件和配件的销售
0729	其他有色金属矿石的开采	2410	初级钢铁制造	4610	收费或合同批发
0891	化学和肥料矿物的开采	2431	钢铁铸件	4649	其他家居用品批发
0899	其他未另作分类的采矿和采矿场	2511	结构性金属制品的制造	4659	其他机械和设备的批发
0910	石油和天然气开采的支持活动	2520	武器和弹药的制造	4669	废碎料及其他未另分类产品的批发
1062	淀粉及淀粉制品的制造	2920	汽车车身的制造；挂车和半挂车制造	4759	专门商店中家用电器、家具、照明设备和其他家居用品的零售
1200	药草制品制造	3040	军用战车的制造	5820	软件出版
1393	地毯和垫子的制造	3314	电气设备修理	6190	其他电信活动
1394	绳索、麻绳和网的制造	3320	工业机械设备安装	7110	建筑和工程活动及相关技术咨询

续表

行业代码	行业名称	行业代码	行业名称	行业代码	行业名称
1621	单板和人造板制造	3510	发电、输电和配电	7220	社会科学和人文学科的研究和实验发展
2211	橡胶轮胎和内胎的制造；橡胶轮胎的翻新和改造	3520	天然气制造；通过干线分配气体燃料	7740	知识产权和类似产品的租赁，版权作品除外
2394	水泥、石灰和石膏的制造	4510	汽车销售		

5.3 商标密集型产业

5.3.1 产业研究现状

国际上关于商标密集型产业的系统研究最早可追溯到 2012 年 3 月，ESA 和 USPTO 联合发布的报告《知识产权与美国经济：产业聚焦》，该报告将商标密集型产业作为知识产权密集型产业的重要组成部分，明确界定了商标密集型产业的概念，同时采用商标强度、注册商标 50 强及随机抽样 3 种方法确定了美国的商标密集型产业包含的范围及行业分类。在此基础上，EPO 和 OHIM 在 2013 年 9 月发布的《知识产权密集型产业：对欧盟经济表现及就业的贡献》将商标强度作为商标密集型产业的认定标准，在欧盟一共认定了 277 个商标密集型产业。

国际上发布的关于商标密集型产业的研究报告均是在美国及欧盟研究报告的基础上开展的。其中，在 2017 年 1 月，INTA 和 ASIPI 合作对智利、哥伦比亚、墨西哥、巴拿马和秘鲁 5 个拉丁美洲国家的商标密集型产业进行划分，并发布《拉丁美洲商标——对该地区 5 个国家的经济影响的研究》报告。在 2019 年 10 月进一步扩大研究范围，对阿根廷、巴西、智利、哥伦比亚、哥斯达黎加、多米尼加共和国、危地马拉、墨西哥、巴拿马和秘鲁这 10 个拉丁美洲及加勒比地区的国家的商标密集型产业及经济贡献进行研究。2017 年 8 月，

INTA 对印度尼西亚、马来西亚、菲律宾、新加坡和泰国 5 个东南亚国家的商标密集型产业进行研究。英国在完成"脱欧"后，于 2020 年 9 月发布报告《英国各行业知识产权的使用》，对英国商标密集型产业及经济贡献进行了详细分析。

我国目前还未出台全国性的商标密集型产业对经济贡献的权威报告，且在权威文件中也并未使用"商标密集型产业"一词。目前仅有江苏省专利信息服务中心发布的《江苏省知识产权密集型产业统计报告》（2016 年 12 月）以江苏省数据为基础界定出的 33 个商标密集型产业涉及此概念。

5.3.2 产业界定方法

（1）美国商标密集型界定方法

由于商标注册是按照类别而不是按照行业进行划分，所以不存在美国商标与行业的一致性表，在具体判断商标密集型产业时，无法像专利密集型产业那样简单快速地计算商标密集度，因此，美国采用了商标密集度、注册商标 50 强、随机抽样 3 种方法相互补充来判定商标密集型产业（表 5-10），需要注意的是，满足 3 种方法之一的行业均可作为商标密集型产业。

表 5-10 美国界定商标密集型产业的 3 种方法

方法	原理	步骤	优点	缺点
商标密集度法	商标强度（商标数量/就业量）大于平均值的行业即为商标密集型产业	1. 查找上市公司的注册商标信息 2. 利用不同数据源，将上市公司名称与包含公司所属行业及公司员工信息的数据库进行匹配 3. 将不同行业的公司进行归类，计算每个行业的商标强度	行业跨度大，能够从整体角度反映不同行业商标分布情况	只选取上市公司作为样本，可能遗漏一些重要的非上市公司
注册商标 50 强法	"注册商标 50 强"榜单中企业所处行业达到一定频率，认定为商标密集型产业	1. 将"注册商标 50 强"榜单中每一年度各企业与所属行业进行匹配 2. 统计 5 年期 250 家上榜企业所属行业出现次数 3. 将出现次数大于或等于 5 次的行业认定为商标密集型产业	榜单中存在一些重要的非上市公司，是对第一种方法的有力补充	容易遗漏由中小公司组成的商标密集型产业

续表

方法	原理	步骤	优点	缺点
随机抽样法	将某一年份注册的全部商标进行随机抽样，将抽取商标数量相对较多的行业认定为商标密集型	1. 从某一年度注册的全部商标中随机抽样300个并与所属行业进行匹配 2. 整理每一个产业的商标登记注册数，计算各产业商标注册登记数的均值和标准差 3. 将商标注册数大于均值加两个标准差的产业认定为商标密集型产业	弥补了前两种方法对大公司选取较多，而对较小的年轻公司选取不足的缺陷	随机性较大

2022版美国商标的界定方式相比2016年有所简化。2022版通过获得的商标数量与产业就业人数的比值来界定。构建商标密集度指标，该指标等于在截至2016年的5年内获得的商标数量除以每1000名员工，将商标密集度高于所有产业平均水平的产业定义为商标密集型产业。

（2）欧盟商标密集型界定方法

欧盟对商标密集型产业的认定方法主要借鉴了美国所使用的3种方法中的商标密集度计算认定法，主要分为两步：第一步为计算商标绝对强度，第二步为计算商标相对强度（表5-11）。

表5-11 欧盟商标密集型产业界定方法

阶段	步骤
绝对强度	1. 过滤出在特定时间段向EUIPO提交商标申请并成功注册且至少有一个申请人位于欧盟成员国的商标申请数据 2. 将商标数量按比例分配给位于欧盟成员国的申请人 3. 将位于欧盟成员国的商标申请人与行业代码进行匹配 4. 汇总位于每个行业代码的商标数量
相对强度	1. 利用就业数据库中数据计算每个行业就业数据的3年平均值 2. 将就业数据与绝对强度数据库进行匹配，得到行业每1000名员工的商标数量，每1000名员工的商标数量高于总体平均数的产业即为商标密集型产业

具体来说，认定商标密集型产业的方法分为以下两个步骤。

第一步：计算商标绝对强度。商标绝对强度是指 EUIPO 为每个行业保护的商标总数。以 EUIPO 的数据为起点，过滤出特定时间区间提交申请的数据，选择至少有一个申请人位于欧盟成员国并成功获得注册的申请。然后汇总数据集中存在的每个 NACE 行业代码的分数计数，计算出至少有一个在欧盟拥有住所的申请人在此期间注册的商标申请总数。最后计算出商标的绝对强度。

第二步：计算商标相对强度。首先，从欧盟统计局 SBS 表中提取特定年份每个行业的就业数据，计算出 3 年的平均值，如果个别行业的就业数据缺失，则可以通过从组代码中减去所有可用类代码的聚合值来推断丢失的 NACE 类的值。其次，相对商标强度定义为分配给某个行业的商标数量除以该行业总的就业人数，其表示为每 1000 名员工的商标数量。最后，将欧盟统计局 SBS 就业数据与绝对强度数据库相匹配。每 1000 名员工的商标数量高于总体平均数的产业即为商标密集型产业。

（3）拉美地区商标密集型活动界定方法

拉丁美洲 2017 年和 2019 年的两份报告延续了美国与欧盟的研究思路，通过商标密集度来界定商标密集型活动。但与前两者不同的是：一方面，报告指出虽然所研究国家的就业、活动水平和国际贸易统计是根据国际标准行业分类或类似分类进行组织的，但商标注册使用不同的分类系统，即 WIPO 的尼斯分类，因此通过将各行业的就业数据与尼斯分类进行匹配，来判断商标密集型活动而非商标密集型产业；另一方面，商标密集度由两个指标定义，即每项活动中每个单位就业的商标注册数量及每个单位销售的商标注册数量，只要其中一个指标高于经济平均水平，则该经济活动视为商标密集型部门。

（4）其他地区商标密集型行业界定方法

东南亚五国：由于商标数据可用性的限制，2017 年东南亚五国发布的报告中借鉴了 EUIPO/EPO 对欧洲商标密集型产业的研究方法，直接将欧洲商标密集型产业清单与各国使用的行业分类系统进行匹配。

江苏省：产业商标密集度和商标规模均达到全省平均水平以上的产业被认为是商标密集型产业。其中，商标密集度为某产业年末拥有的注册商标量除以该产业年末从业人员数，商标规模为该产业年末拥有的注册商标量。

各国家和地区商标密集型产业界定方法见表5-12。

表5-12 各地区商标密集型产业界定方法对比

国家/地区	商标密集型产业的界定标准	商标密集度的测度
美国	至少符合以下条件之一： 1. NAICS分类中商标强度高于所有产业整体平均水平的产业 2. 5年内在"注册商标50强"榜单中出现5次以上的产业 3. 某年度随机抽样的商标注册数大于均值加两个标准差的产业	$\dfrac{\text{NAICS分类中某产业的注册商标数}}{\text{该产业平均就业人数}}$
欧盟	相对商标强度高于所有产业平均水平的产业	$\dfrac{\text{某产业注册商标数}}{\text{该产业的就业人数}}$
拉丁美洲	至少满足以下条件中的一个： 1. 该行业每位员工每年注册的商标数量高于整个经济的平均比例 2. 该行业单位销售额的年度注册商标数量高于整个经济的平均比例	$\dfrac{\text{尼斯分类的注册商标数量}}{\text{该分类活动的就业人员数}}$ $\dfrac{\text{尼斯分类的注册商标数量}}{\text{该分类活动的销售收入}}$
东南亚	直接借鉴欧盟2016年报告中的商标密集型产业的清单，与各自国家行业分类系统进行匹配	—
中国江苏省	产业商标密集度和商标规模均达到全省平均水平以上的产业	$\dfrac{\text{某产业（行业）年末拥有注册商标量}}{\text{该产业（行业）从业人员数}}$

5.3.3 产业细分行业构成

目前，美国、欧盟、拉丁美洲部分地区、英国及中国江苏省通过对商标密集型产业的研究，确定了各自商标密集型产业的详细清单（表5-13）。基于数据易于对比的原则，我们选取美国2016年报告，以及欧盟2019年报告中确定的商标密集型产业进行横向对比分析，其中行业分类代码转换方法同"专利密集型产业"部分。在可比的前提下，在转换成ISIC行业代码并去重后，最终得到美国商标密集型产业的细分产业，可归为15个大类、170个小类，欧盟可归为12个大类、191个小类（表5-14）。

表 5-13 各主要报告认定商标密集型产业情况对比

报告	行业分类系统	商标密集型产业数量
美国 2012	NAICS2007	60
欧盟 2013	NACE Rev.2	277
美国 2016	NAICS2007	66
美国 2022	NETS	110
欧盟 2016	NACE Rev.2	277
江苏 2016	国民经济行业分类 GB/T 4754—2011	33
拉美 2017	Nice Class	智利 16、哥伦比亚 19、墨西哥 19、巴拿马 15、秘鲁 15
欧盟 2019	NACE Rev.2	280
欧盟 2022	NACE Rev.2	357
拉美 2019	Nice Class	阿根廷 17、巴西 18、智利 17、哥伦比亚 19、哥斯达黎加 21、多米尼加 14、危地马拉 13、墨西哥 19、巴拿马 15、秘鲁 15

表 5-14 美欧基于 ISIC 分类下的商标密集型产业数量统计

ISIC 大类	ISIC 小类 / 个	
	美国	欧盟
B：采矿和采石业	8	8
C：制造业	93	104
D：电力、燃气、蒸汽和空调供应	3	2
F：建筑业	2	1
G：批发和零售业	10	24
H：运输和存储业	1	1
J：信息和通信业	19	21
K：金融和保险活动	11	7
L：房地产活动	1	1
M：专业、科学和技术活动	7	7
N：行政和辅助服务活动	7	10
O：公共行政和国防；强制性社会保障	2	—
Q：人类健康和社会工作活动	3	—
R：艺术、娱乐和文娱活动	2	5

续表

ISIC 大类	ISIC 小类 / 个	
	美国	欧盟
S：其他服务活动	1	—
合计	170	191

通过对比美国和欧盟商标密集型产业的细分行业发现，共有124个行业在美国和欧盟的识别体系中（表5-15），其中75个属于制造业，占比达到60.48%；其次为信息通信业，有17个，占比为13.71%。就商标密集型产业而言，美国产业多样性略优于欧盟，但行业数量略低于欧盟。

表 5-15 美欧共有商标密集型产业细分行业

行业代码	行业名称	行业代码	行业名称
0610	原油的开采	2822	金属成型机械和机械的制造
0810	石、砂及黏土的采掘	2823	冶金机械的制造
0891	化学矿物及肥料矿物的开采	2824	采矿、采石及建筑机械的制造
0892	泥煤提取	2825	食品、饮料和烟草加工机械的制造
0893	采盐	2826	用于纺织、服装和皮革生产的机械的制造
0899	未另分类的其他采矿和采石	2829	其他专用机械的制造
1030	水果和蔬菜的加工和保藏	2910	汽车的制造
1050	乳制品的制造	3012	游船和运动船的建造
1071	烘烤食品的制造	3091	摩托车的制造
1072	糖的制造	3092	自行车和残疾人座车的制造
1073	可可、巧克力和糖果的制造	3099	未另分类的其他运输设备的制造
1074	通心粉、面条、方便面和类似的粉面制品的制造	3100	家具的制造
1079	未另分类的其他食品的制造	3211	珠宝及有关物品的制造
1101	烈酒的蒸馏、精馏及勾兑	3212	仿真首饰及有关物品的制造
1102	葡萄酒的制造	3220	乐器的制造
1103	麦芽酒和麦芽的制造	3230	体育用品的制造

续表

行业代码	行业名称	行业代码	行业名称
1104	软饮料的制造；矿泉水和其他瓶装水的生产	3240	游艺用品及玩具的制造
1399	未另分类的其他纺织品的制造	3250	医疗和牙科工具和用品的制造
1410	服装制造，但毛皮服装除外	3290	未另分类的其他用品的制造
1512	皮箱、手提包和类似物品，马鞍及挽具的制造	3510	电力的生产、输送和分配
1520	鞋靴的制造	3520	煤气的制造；通过主管道输送的气体燃料
1622	建筑用木料及木材元件的制造	4100	楼宇的建造
1629	其他木制品的制造；软木制品、草编制品及编织材料物品的制造	4620	农业原料和活畜的批发
1701	纸浆、纸和纸板的制造	4630	食品、饲料和烟草的批发
1709	其他纸制品和纸板制品的制造	4649	其他家庭用品的批发
1811	印刷	4651	计算机及其外部设备和软件的批发
1812	与印刷有关的服务活动	4652	电子和电信设备与零件的批发
1910	焦炭炉产品的制造	4659	其他机械和设备的批发
1920	精炼石油产品的制造	4669	未另分类的其他产品、废料和碎屑的批发
2011	基本化学品的制造	4791	通过邮购商行和因特网进行的零售
2012	化肥及氮化合物的制造	5811	书籍出版
2013	初级塑料和合成橡胶的制造	5812	目录和邮件列表的发布
2021	农药及其他农业化工制品的制造	5813	报纸、杂志和期刊的出版
2022	颜料、清漆和类似涂料、印刷油墨及胶黏剂的制造	5819	其他出版活动
2023	肥皂和洗涤剂、清洁剂和抛光剂、香水及盥洗用品的制造	5820	软件的发行
2029	未另分类的其他化学制品的制造	5911	电影、录像和电视节目的制作活动
2030	人造纤维的制造	5912	电影、录像和电视节目的后期制作活动

续表

行业代码	行业名称	行业代码	行业名称
2100	药品、药用化学品及植物药材的制造	5913	电影、录像和电视节目的发行活动
2219	其他橡胶制品的制造	5920	录音和音乐作品发行活动
2220	塑料制品的制造	6010	电台广播
2310	玻璃和玻璃制品的制造	6020	电台和电视广播
2395	混凝土、水泥及石膏制品的制造	6120	无线电信活动
2399	未另分类的其他非金属矿物制品的制造	6130	卫星电信活动
2420	基本贵重有色金属的制造	6190	其他电信活动
2599	未另分类的其他金属制品的制造	6312	门户网站
2630	通信设备的制造	6391	新闻机构的活动
2640	电子消费品的制造	6399	未另分类的其他信息服务活动
2651	测量、检验、导航和控制设备的制造	6611	金融市场的管理
2652	钟表的制造	6612	证券和商品合约经纪
2660	辐射、电子医疗和电疗设备制造	6619	其他金融服务附属活动
2670	光学仪器和摄影器材的制造	6629	其他保险和养恤金的附属活动
2710	电动机、发电机和变压器的制造及配电和控制设备的制造	6630	基金管理活动
2720	电池和蓄电池的制造	6810	用自有或租赁财产进行的房地产活动
2740	电力照明设备的制造	7020	管理咨询活动
2790	其他电子设备的制造	7310	广告业
2813	其他泵、压缩机、旋塞和阀门的制造	7320	市场调研和民意测验
2815	烘炉、熔炉及熔炉燃烧室的制造	7490	未另分类的其他专业、科学和技术活动
2816	起重及装卸设备的制造	7730	其他机械、设备和有形商品的租赁
2817	办公机械和设备的制造（计算机及外部产品除外）	7740	知识产权和产品的租赁，版权作品除外
2818	电动、手工工具的生产	8230	会议和贸易展览会的举办

续表

行业代码	行业名称	行业代码	行业名称
2819	其他通用机械的制造	8292	包装活动
2821	农业和林业机械的制造	9200	博彩活动

美国共有 46 个特有的商标密集型细分行业（表 5-16），涉及美国商标密集型产业 15 个大类中的 14 个，其中最多的为制造业（18 个），其次为金融与保险活动（6 个）。这充分说明，美国无论是制造业还是服务业部门都非常重视运用商标权培育、维护和推广品牌，借助商标这一有利的制度工具，掌控或占据产业链中能够获取最高收益的营销品牌和商业模式。

表 5-16　美国独有商标密集型产业细分行业

行业代码	行业名称	行业代码	行业名称
0510	硬煤的开采	5229	其他运输辅助活动
0620	天然气的开采	5914	电影放映活动
1010	肉类的加工和保藏	6110	有线电信活动
1075	熟肉和熟食的制造	6419	其他货币媒介活动
1313	纺织品的精加工	6430	信托机构、基金和类似的金融实体
1610	锯木和刨木	6499	未另分类的其他金融服务活动，保险和养恤金除外
1623	木容器的制造	6511	人寿保险
2396	石头的切割、成形和精加工	6512	非人寿保险
2592	金属的处理和包覆；机加工	6520	再保险
2731	光纤电缆的制造	6910	法律活动
2732	其他电线和电缆的制造	7420	摄影活动
2733	配线设备制造	7500	兽医活动
2811	发动机和涡轮机的制造（飞机、汽车和摩托车发动机除外）	8030	调查活动
2812	液压设备的制造	8219	复制、文件准备和其他专业化办公支持活动
2814	轴承、齿轮、传动和驱动部件的制造	8299	未另分类的其他商务辅助服务活动

续表

行业代码	行业名称	行业代码	行业名称
2920	汽车车身的制造（车身的设计、制造和装配）；挂车和半挂车的制造	8413	为提高企业经营效率进行的监管和促进活动
2930	汽车及其发动机零件和附件的制造	8423	公共秩序和安全活动
3020	铁道机车及其拖曳车辆的制造	8620	医疗和牙科治疗活动
3030	飞机、航天器和相关机械的制造	8690	其他人体健康活动
3040	军用战车制造	8890	其他不配备食宿的社会服务
3530	蒸汽和空调的供应	9101	图书馆和档案馆活动
4290	其他土木工程项目	9499	未另分类的其他成员组织的活动
4711	以销售食品、饮料或烟草为主的非专门商店的零售		
4719	其他非专门商店的零售		

欧盟共有67个特有商标密集型细分行业（表5-17），覆盖欧盟商标密集型产业12个大类中的8个，其中最多的为制造业（30个），其次为零售与批发业（16个），这说明欧盟各行业同样十分重视商标的使用，在制造业和零售与批发业中表现尤为明显。

表5-17 欧盟特有商标密集型产业细分行业

行业代码	行业名称	行业代码	行业名称
0710	铁矿的开采	4641	纺织品、服装和鞋靴的批发
0910	石油和天然气开采的辅助活动	4661	固体、液体和气体燃料及有关产品的批发
1020	鱼类、甲壳类、软体动物类的加工和保藏	4663	建筑材料、五金制品、管道设备和供暖设备及物资的批发
1040	动植物油和油脂的制造	4690	非专业批发贸易
1061	谷物磨制品的制造	4721	专门商店中食品的零售
1080	牲畜精饲料的制造	4741	专门商店中计算机、外部产品、软件和电信设备的零售

续表

行业代码	行业名称	行业代码	行业名称
1200	烟草制品的制造	4742	专门商店中音像设备的零售
1311	纺织纤维的纺前加工和纺纱	4751	专门商店中纺织品的零售
1312	纺织品的编织	4763	专门商店中体育设备的零售
1391	编织和钩织面料的生产	4764	专门商店中游艺用品和玩具的零售
1392	纺织制成品的制造，服装除外	4771	专门商店中服装、鞋靴和皮革制品的零售
1393	地毯和垫子的制造	4772	专门商店中药品和医疗用品、化妆品及盥洗用品的零售
1394	索具、绳子、合股线和网具的制造	4773	专门商店中其他新产品的零售
1420	毛皮制品的制造	5021	内陆水上客运
1430	编织和钩织袜类制品的生产	6201	计算机程序设计活动
1820	记录媒介物的复制	6202	计算机咨询服务和设施管理活动
2211	橡胶轮胎和内胎的制造；橡胶轮胎的翻新和再造	6209	其他信息技术和计算机服务活动
2391	耐火制品的制造	6311	数据处理、存储及相关活动
2392	黏土建筑材料的制造	6621	风险和损害评估
2393	其他陶瓷制品的制造	6622	保险代理人和经纪人的活动
2394	水泥、石灰和石膏制品的制造	7210	自然科学和工程学的研究及实验发展
2410	基本钢铁的制造	7220	社会学和人文学的研究与实验发展
2432	有色金属的铸造	7410	专业化设计活动
2512	油罐、水箱和金属容器的制造	7721	娱乐和体育设备的出租和租赁
2520	武器和弹药的制造	7911	旅行社活动
2593	刀具、手工工具和普通金属器具的制造	7912	旅游运营商活动
2610	电子元件和电子板的生产	7990	其他预订及相关活动
2620	计算机和外部设备的制造	8211	办公室综合管理辅助活动
2680	磁性和光学介质的制造	8291	收款公司和信贷局的活动

续表

行业代码	行业名称	行业代码	行业名称
2750	家用电器的制造	9311	体育设施的运营
3319	其他设备的修理	9312	体育俱乐部的活动
4530	汽车零件和附件的销售	9319	其他体育活动
4540	摩托车及有关零件和附件的销售、修理与保养	9321	游乐公园和主题公园的活动
4610	在收费或合同基础上的批发		

5.4 版权密集型产业

5.4.1 产业研究现状

从目前已有的研究报告来看，无论是产业的定义还是划分依据，版权密集型产业都与版权产业息息相关，可以说版权密集型产业是在版权产业的基础上衍生而来的。

版权产业，又称版权相关产业，最早是由美国提出并得到持续充实和发展的概念。早在1990年11月，美国国际知识产权联盟（IIPA）就发布了第一份关于美国版权产业的报告《美国经济中的版权产业》，用以量化美国版权产业的经济贡献，该报告每1~2年发布一次，已经逐渐成为研究美国版权产业对美国经济贡献的权威性资料。该报告在2004年以前发布的9份报告中将版权产业分为4大部门：核心版权产业、部分版权产业、分配性版权产业和相关性版权产业。在2004年之后，为了符合国际标准，将版权产业的分类与WIPO 2003年发布的报告保持一致。

2003年WIPO依照经济学家斯蒂芬·赛维克发展的方法，发布了《版权产业经济贡献调研指南》（简称《版权指南》）[48]，《版权指南》介绍了评判版权产业在经济中扮演角色的方法，已经成为对版权产业对国内经济的贡献情况的调研范本。《版权指南》对版权产业概念进行了界定，认为版权产业是指"版权及相关权利能够发挥基础作用的产业活动合集"。同时，《版权指南》依据版权在相关产业中的作用大小，将版权产业分为核心版权产业、相互依存的版权产业、部分版权产业、非专业支持产业4类。该分类适用于文化、科学和艺术领域内的一切成果，包括书籍、音乐、戏剧、舞蹈艺术、摄影、电影、绘画、雕塑、计算机程序和数据库等。版权在这4类产业价值创造中的地位和作用各有不同，它们对于版权保护的依赖程度逐渐递减。

ESA和USPTO联合发布的报告《知识产权和美国经济：产业聚焦》首次提出"版权密集型"的概念，并依据世界知识产权组织对版权行业的划分界定了版权密集型产业的范围。EPO和EUIPO在2013年发布《知识产权密集型产业：对欧盟经济表现及就业的贡献》，在WIPO与美国的研究基础上，界定了欧盟的版权密集型产业范围，并分析了版权密集型产业在欧盟范围内的经济贡献。值得注意的是，欧盟在2016年更新的报告《知识产权密集型产业及其在欧盟的经济表现》中对版权密集型产业的范围进行了调整。

与欧美国家相比，我国对版权产业的系统性研究相对较晚，我国新闻出版研究院自2007年开始研究版权相关产业对我国GDP、就业、出口等指标的贡献。在其每年发布的《中国版权相关产业的经济贡献》中，依据2003年WIPO发布的《版权指南》，对核心版权产业、相互依赖性版权产业、部分版权产业和非专门支持性版权产业的就业、行业增加值、商品出口额等经济指标进行定量分析和评估。我国的权威文件中并没有"版权密集型产业"的说法，也没有发布版权密集型产业的全国性研究报告，只有江苏省专利信息服务中心在2016年12月发布的《江苏省知识产权密集型产业统计报告》对江苏省的版权密集型产业进行了探索性的研究。

自2007年开始，国家版权局与WIPO合作，委托中国出版科学研究所（现更名为中国新闻出版研究院）在我国开展版权相关产业经济贡献的测算。测算方法是借鉴世界知识产权组织提供的分类标准，对我国版权相关产业进行量化分析，涉及行业增加值、就业人数、出口额3个经济指标。

5.4.2　产业界定方法比较

目前，世界上已有40多个国家按照WIPO的分类和标准开展了版权产业经济贡献的量化研究。虽然WIPO已经对版权产业进行了恰当的分类，清楚地区分了受版权保护的作品类型、制造这些版权作品的行业和输送这些版权作品的下游分销行业，但是对于版权密集型产业的范围界定，不同国家和组织间仍存在一定差别。

(1) 美国版权密集型产业的界定方法

由于版权的取得不需要登记与注册，因此不能像商标、专利和外观设计一样，通过计算版权的强度来确定哪些行业是版权密集型产业。美国在界定版权密集型产业时借用WIPO对于核心版权产业的定义，将版权密集型产业界定为"主要负责创作或制作受版权保护的资料并将其推定为版权保护的行业"，可以看出美国界定的版权密集型产业的范围比"核心版权产业"的范围更窄。其将从事版权分销的行业排除在外，如图书、期刊销售，音乐作品分销及与之相关的租赁行业。虽然这些行业属于WIPO定义的核心版权产业，但是并不直接从事版权受保护对象的创作或制造。

(2) 欧盟版权密集型产业的界定方法

欧盟在2013年报告中确定版权密集型产业的方法与行业类型与美国相同，也将版权密集型产业的范围界定为《版权指南》中的某些核心版权产业。而在2016年按照《版权指南》对版权相关产业的分类进行了更新和调整，扩大了版权密集型产业的范围，将其界定为核心版权产业、相互依赖的版权产业和高于20%的部分版权产业（增加值的20%以上可归因于版权相关活动），之后则一直沿用此方法。

(3) 其他地区对版权密集型产业的界定方法

中国江苏省：在界定版权密集型产业时，参照WIPO、USPTO，以及国家知识产权局有关版权密集型产业分类标准，将电信、广播电视传输服务、卫星传输服务、互联网接入及相关服务等行业定义为版权密集型产业。

从目前的研究看，美国与欧盟对版权密集型产业的界定方法相差不大，二者均是根据WIPO对版权相关产业的划分，结合本国（地区）版权产业发展的实际情况，制定和调整版权密集型产业的界定标准，仅在具体的行业范围内存在差异，详见表5-18。

表 5-18 主要报告版权密集型范围对比

	WIPO《版权指南》	美国2012《报告》	美国2016《报告》	美国2022《报告》	欧盟2013《报告》	欧盟2016《报告》	欧盟2019《报告》	欧盟2022《报告》
核心版权产业	✓	✓（排除版权分销行业）	✓（排除版权分销行业）	✓（排除版权分销行业）	✓（排除版权分销行业）	✓	✓	✓
相互依存的版权产业	✓	—	—	—	—	✓	✓	✓
部分版权产业	✓	—	—	—	—	✓（仅包含增加值20%以上行业）	✓（仅包含增加值20%以上行业）	✓（仅包含增加值20%以上行业）
非专业支持产业	✓	—	—	—	—	—	—	—

从目前看，版权密集型产业的差异仅体现在统计口径上，WIPO 定义中的版权产业既包括生产版权作品的产业，也包括与版权产品营销相关的产业。美国商务部报告指出，由于前述的专利密集型产业及商标密集型产业均是从生产专利及商标的行业中挑选出来的，因此为了保持一致性，版权密集型产业也应从生产版权的行业中界定出来。报告定义版权密集型产业的方法与在专利及商标部分中进行选择的方法之间还存在一个概念上的区别。在报告中，专利密集型产业（商标密集型产业）是在所有生产专利或商标的企业所属的行业中进行挑选的，即具有较高"强度"（一般是高于平均值）的行业被定义为"密集型"产业；而版权密集型产业则被定义为所有生产版权作品的行业，即所有参与生产版权作品的行业都被视为版权密集型行业，不存在对其进行挑选的问题。

5.4.3 产业细分行业对比

美国确定了13个版权密集型产业，欧盟确定了78个版权密集型产业。本研究选取美国2016年报告及欧盟2019年报告中确定的版权密集型产业进行横向对比分析，其中行业分类代码转换同"专利密集型产业"部分。在转换成ISIC行业代码并去重后，最终得到美国的版权密集型产业的细分行业对应6个大类、34个小类，欧盟的版权密集型产业对应7个大类、65个小类（表5-19）。

表5-19 美欧基于ISIC分类下的版权密集型产业统计

ISIC大类	美国	欧盟
C：制造业	2	14
G：批发和零售业	—	10
J：信息和通信业	19	23
M：专业、科学和技术活动	8	5
N：行政和辅助服务活动	1	5
Q：人体健康和社会工作活动	1	—
P：教育	—	1
R：艺术、娱乐和文娱活动	3	5
S：其他服务活动	—	2
合计	34	65

通过对比美国和欧盟版权密集型产业的细分行业发现，共有27个行业为美国和欧盟所共有（表5-20）。其中，19个为信息通信业，5个为专业、科学和技术活动，3个为艺术、娱乐和文娱活动，这些产业主要集中在创造和生产版权的产业里。

表5-20 美欧共有版权密集型产业细分行业

行业代码	行业名称	行业代码	行业名称
5811	书籍出版	6202	计算机咨询服务和设施管理活动
5812	目录和邮件列表的发布	6209	其他信息技术和计算机服务活动

续表

行业代码	行业名称	行业代码	行业名称
5813	报纸、杂志和期刊的出版	6312	门户网站
5819	其他出版活动	6391	新闻机构的活动
5820	软件的发行	6399	未另分类的其他信息服务活动
5911	电影、录像和电视节目的制作活动	7020	管理咨询活动
5912	电影、录像和电视节目的后期制作活动	7310	广告业
5913	电影、录像和电视节目的发行活动	7410	专业化设计活动
5914	电影放映活动	7420	摄影活动
5920	录音和音乐作品发行活动	7490	未另分类的其他专业、科学和技术活动
6010	电台广播	9000	艺术创作和文娱活动
6020	电台和电视广播	9101	图书馆和档案馆活动
6120	无线电信活动	9329	未另分类的其他娱乐和文娱活动
6201	计算机程序设计活动		

美国有 7 个特有的版权密集型细分产业（表 5-21），分别为未另分类的其他用品的制造（3290）、其他设备的修理（3319）、法律活动（6910）、市场调研和民意测验（7320）、兽医活动（7500）、调查活动（8030）、其他不配备食宿的社会服务（8890）。

表 5-21　美国特有版权密集型产业细分行业

行业代码	行业名称	行业代码	行业名称
3290	未另分类的其他用品的制造	7500	兽医活动
3319	其他设备的修理	8030	调查活动
6910	法律活动	8890	其他不配备食宿的社会服务
7320	市场调研和民意测验		

欧盟特有的细分行业比美国覆盖面积更广、种类更齐全，共包含 31 个特

色行业，涉及制造业、批发与零售业、信息和通信、行政和辅助服务活动等领域（表5-22）。其中，最多的为制造业（14个），其次为批发与零售业（10个），这些产业多与版权产品的分销有关，这主要源于美国与欧盟在版权界定范围上的不同。

表5-22 欧盟特有版权密集型产业细分行业

行业代码	行业名称	行业代码	行业名称
1701	纸浆、纸和纸板的制造	4652	电子和电信设备与零件的批发
1811	印刷	4659	其他机械和设备的批发
1812	与印刷有关的服务活动	4669	未另分类的其他产品、废料和碎屑的批发
1820	记录媒介物的复制	4741	专门商店中计算机、外部产品、软件和电信设备的零售
2029	未另分类的其他化学制品的制造	4742	专门商店中音像设备的零售
2620	计算机和外部设备的制造	4761	专门商店中书籍、报纸和文具的零售
2630	通信设备的制造	4762	专门商店中音乐和录像产品的零售
2640	电子消费品的制造	4773	专门商店中其他新产品的零售
2670	光学仪器和摄影器材的制造	6110	有线电信活动
2731	光纤电缆的制造	6130	卫星电信活动
2817	办公机械和设备的制造（计算机及外部产品除外）	6190	其他电信活动
3211	珠宝及有关物品的制造	6311	数据处理、存储及相关活动
3220	乐器的制造	7722	录影带与光盘的出租
3240	游艺用品及玩具的制造	7729	其他私人和家庭用品的出租和租赁
4649	其他家庭用品的批发	7730	其他机械、设备和有形商品的租赁
4651	计算机及其外部设备和软件的批发		

5.5 经济贡献评价

5.5.1 经济贡献指标比较

当前，国内外报告中对知识产权密集型产业的评价研究主要聚焦在以下几个方面：对经济和就业的贡献、对进出口贸易的贡献、产业经济效益和创新效率等。

2022年美国发布的报告《知识产权与美国经济：第3版》是在2012版和2016版基础上进行的分析，主要从知识产权密集型产业对就业的贡献、劳动者报酬、员工受教育水平及对外贸易等方面进行了评价，主要评价目标与指标如表5-23所示。

表5-23 美国知识产权密集型产业经济贡献评价指标

评价目标	评价指标
对就业的贡献	某年提供的直接就业岗位数量
	某年提供的直接就业岗位数量占当年全社会就业岗位总量的比值
	某年提供的间接就业岗位数量
	某年所提供的就业岗位总量
	某年个体经营者数量占就业岗位总量的比值
劳动者报酬	某年劳动者的周平均工资
员工受教育水平	学位（初中以下、高中、大专、学士、硕士以上）
对外贸易	出口额
	进口额

2019年欧盟发布研究报告《知识产权密集型产业及其在欧盟的经济表现》，主要从知识产权密集型产业对就业的贡献、对经济的贡献、劳动者报酬及对外贸易等方面进行了评价，主要评价目标与指标如表5-24所示。

表5-24 欧盟知识产权密集型产业经济贡献评价指标

评价目标	评价指标
对就业的贡献	一定时期内平均每年提供的直接就业岗位数量

续表

评价目标	评价指标
对就业的贡献	一定时期内平均每年提供的直接就业岗位数量占社会直接就业岗位总量的比值
	一定时期内平均每年提供的就业岗位总量
	一定时期内平均每年提供的就业岗位总量占全社会就业岗位总量的比值
对经济的贡献	一定时期内平均每年产业增加值
	一定时期内平均每年产业增加值占 GDP 的比值
劳动者报酬	某年劳动者的周平均工资
对外贸易	出口额
	进口额
	净出口额

中国目前尚未发布知识产权密集型产业的综合评价报告，但中国国家知识产权局发展规划司曾发布《中国区域产业专利密集度统计报告》(2013)，通过将专利统计数据与国民经济行业经济数据对接，对我国高专利密集度产业进行了评价，所采用的评价维度（即评价目标）基本一致。在此基础上，国家知识产权局的《中国专利密集型产业主要统计数据报告》(2015)主要从经济贡献、就业贡献、劳动者报酬、产业经济效益情况、对外出口、产业创新情况和产业发展活力这 7 个维度对专利密集型产业进行了评价。对比表 5-25 发现，2015 版采用的评价体系增加了产业发展活力方面的评价目标，删掉了企业盈亏、全员劳动生产率和资本所有权这 3 个评价指标。此外，虽然两个报告均对专利密集型产业对外出口情况进行了评价，但在具体评价指标方面存在差异。

表 5-25　中国专利密集型产业经济贡献评价指标

评价目标	评价指标	2013	2015
对经济的贡献	产业增加值	✓	✓
	占国内生产总值比重	✓	✓
对就业的贡献	就业人员数量	✓	✓
劳动者报酬	劳动者报酬	✓	✓

续表

评价目标	评价指标	2013	2015
产业经济效益情况	总资产贡献率	✓	✓
	成本费用利润率	✓	✓
	资产负债率	✓	✓
	企业盈亏	✓	—
对外出口	出口交货值	✓	✓
产业创新情况	研发人员投入	✓	✓
	研发经费投入	✓	✓
	新产品销售收入	✓	✓
	全员劳动生产率	✓	—
	资本所有权	✓	—
	专利授权数	✓	✓
产业发展活力	经济产出（增加值）年均增长	—	✓
	科技创新投入（研发人员与经费）年均增长	—	✓
	科技创新产出（新产品销售收入）年均增长	—	✓

各方对知识产权（专利）密集型产业的经济贡献进行评价时，采用的评价维度和指标有所差异（表5-26）。就评价维度而言，专利密集型产业对经济和就业的贡献、劳动者报酬及对外贸易这3个方面是中美欧都涉及的。除此之外，国家知识产权局的评价研究还考虑了专利密集型产业的经济效益和创新情况，考虑因素更为全面。

表5-26 中美欧知识产权（专利）密集型产业经济贡献评价指标对比

国家/组织	优势	不足
美国	1. 从专利密集型产业对就业的贡献、劳动者报酬、员工受教育程度和对外贸易4个方面综合考虑 2. 某些指标设计比较详细，如专利密集型产业员工受教育程度的评价、个体经营者占比等	1. 评价维度不够全面，如不能反映专利密集型产业的经济效益、创新效率等 2. 某些指标的评价值难以获取，影响了可操作性，如专利密集型产业提供的间接就业岗位数量

续表

国家/组织	优势	不足
欧盟	1. 采用年度区间均值数据，更为客观合理 2. 对外贸易指标的设置较为详细 3. 产业增加值相关评价指标设置最客观合理	侧重考察了专利密集型产业对经济和就业的贡献，缺乏对专利密集型产业自身的经济效益等情况的评价
中国	1. 指标体系设置最完整 2. 经济效益指标设置更丰富 3. 增加了产业发展活力评价目标	部分指标设置较粗放，如对外贸易情况仅根据"总出口交货值"一项进行评价

在评价专利密集型产业对就业的贡献时，美国除了测算出专利密集型产业直接提供的就业岗位数量外，还测算了间接提供的就业岗位数量；相比之下，中国则只考察了直接就业岗位数量（即就业人员数量）这一指标。由于专利密集型产业所提供的间接就业岗位数量不易获取，美、欧的指标设计所反映的内容比中国更全面，但存在可操作性较低的问题。值得注意的是，美国研究中强调，个体经营者在知识产权密集型产业中占据了重要的地位，因此还特别设置了对于个体经营者在知识产权密集型产业中所占比值的考察。

关于专利密集型产业的对外贸易，美国研究并未进一步细化具体的评价指标，只是分析了产业进出口额；中国研究中涉及的评价指标是专利密集型产业占总出口交易额的比重。相比而言，欧盟对对外贸易方面的指标设置最详细，共包含3个指标。

除了上述几个方面，美国的报告认为受教育水平是一种常见的衡量员工技能和预期生产力的指标，因而设计了"员工受教育程度"这一指标来评价专利密集型产业的竞争能力。值得注意的是，中国研究中设计了总资产贡献率、成本费用利润率、资产负债率和企业盈亏4个指标来评价专利密集型产业自身的经济效益。此外，研究还从R&D人员投入强度、R&D经费投入强度和新产品销售收入占主营业务收入的比重3个方面对专利密集型产业的创新投入情况进行了评价。

在评价专利密集型产业对经济的贡献时，各国均从"产业增加值"和"产业增加值占 GDP 的比重"入手，但是底层数据采集的时间窗与处理方式存在差异：美国测算的是某一年（如 2014 年）专利密集型产业的产业增加值；而欧盟测算的是一定时期（2014—2016 年）内专利密集型产业的年平均产业增加值；中国则直接测算的是一定时期内（2010—2014 年）专利密集型产业的增加值总量。采用一定时期内的平均值，可以更好地消除时间波动等不确定因素对样本数据造成的影响，而采用一定时期内的产业增加值总量，可以更好地看出专利密集型产业的发展趋势。因此，相比而言，在评价专利密集型产业对经济的贡献时，欧盟和中国的研究所采用的处理方式更加科学、客观合理。

中美欧都采用了"劳动者报酬"这一指标来评价专利密集型产业的竞争力，不同的是美国和欧盟计算的都是某一年内专利密集型产业员工的周平均工资，而中国计算的则是专利密集型产业劳动者报酬占全社会劳动者报酬的比重。

5.5.2 经济贡献数据比较

基于数据可得与可比的原则，我们从就业、增加值与平均工资 3 个方面对相关国家的知识产权密集型产业的经济贡献度进行了分析。

从知识产权密集型产业对就业的贡献度来看，美国在知识产权密集型产业总体，以及细分的专利密集型产业或版权密集型产业领域均略逊色于欧盟，美欧的商标密集型产业是提供就业岗位最多的细分知识产权产业。在美国，2014 年，知识产权密集型产业直接提供了 2790 万个就业岗位，同时间接为其他非知识产权密集型产业创造了额外的 1760 万个就业岗位。总体来说，知识产权密集型产业直接和间接支持了 4550 万个就业岗位，约占所有就业岗位的 30%。2019 年知识产权密集型产业平均提供了 4720 多万个就业岗位，占总就业岗位的 33%。2014 年以来，欧盟知识产权密集型产业直接就业人数增长了 7%。除此之外，知识产权密集型产业为相关非知识产权密集型产业创造了 1550 万个就业岗位，知识产权密集型产业直接或间接地贡献了近 6270 万个工作岗位，占欧盟所有工作岗位的近44%。根据国家知识产权局在2016年9月发布的《中国专利密集型产业主要统计数据报告》中的数据，2014年，专利密集型产业提供就业机会约占全社会就业人员的4.01%，低于美国的4.89%和欧盟的16.10%。

从细分产业来看，商标密集型产业无论是在欧盟还是在美国，都提供了最多的就业岗位，美国商标密集型产业在2019年共提供了约5643万个就业岗位，占总就业岗位的28.9%，其中直接提供4160万个，间接提供了1480万个就业岗位。欧盟的商标密集型产业共提供5971万个就业岗位，约占欧盟就业总人数的29.0%（图5-2）。

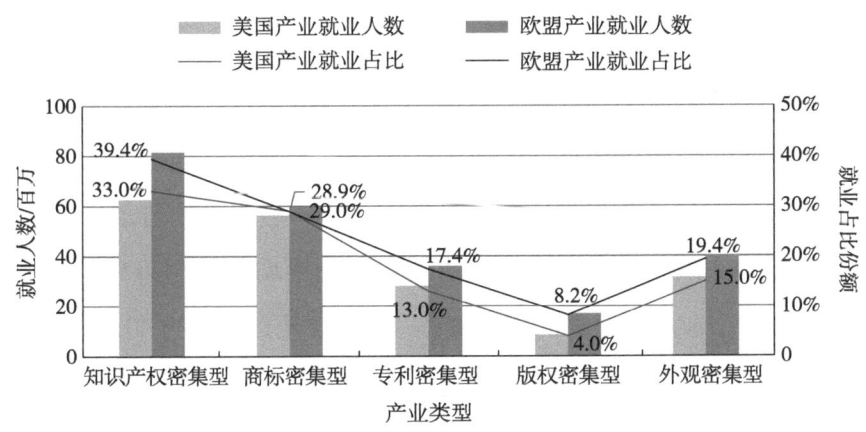

图5-2 知识产权密集型产业就业及占比

从图5-3可以看出，与就业相似，欧盟知识产权密集型产业对增加值的贡献仍然要高于美国，其中欧盟知识产权密集型产业在2017—2019年对增加值贡献达到47.1%，远高于美国的41.0%（2019年）。商标密集型产业对推动GDP的贡献最多，欧盟商标密集型产业对增加值的贡献率达到了38.5%，美国为37.0%。根据国家知识产权局在2016年9月发布的《中国专利密集型产业主要统计数据报告》中的数据，2014年我国专利密集型产业增加值占GDP比重为12.45%，高于2014年美国的5.1%，但距离2014—2016年欧盟的16.1%仍有较大的差距。

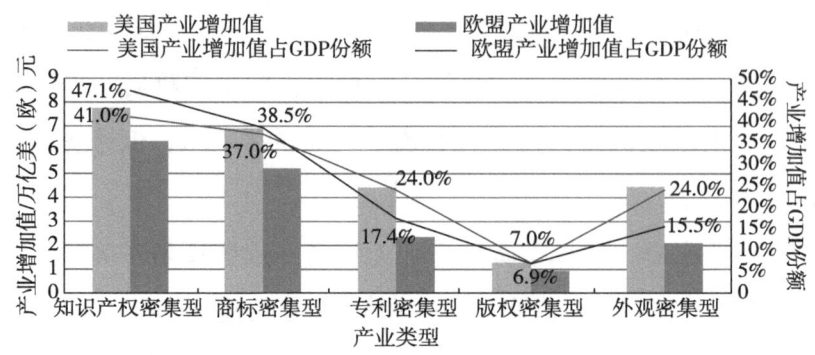

图 5-3 知识产权密集型产业增加值及占比

值得注意的是，知识产权密集型产业在 GDP 中的份额明显高于就业，这很可能与其产出的产品具有高附加值有关，欧盟知识产权密集型产业用 39.4% 的就业贡献了 47.1% 的 GDP 增长，美国用 33.0% 的就业贡献了 41.0% 的 GDP 增长。

欧盟经济中 47.1% 的国内生产总值和 39.4% 的就业机会来自知识产权密集型产业，这意味知识产权密集型产业的人均增加值高于其他经济领域，这也体现在知识产权密集型产业为其从业者提供了高于一般水平的劳动报酬上。统计显示，在欧盟，知识产权密集型产业的从业者的平均周薪约为 840 欧元，比非知识产权密集型产业的从业者的平均周薪（597 欧元）高出约 40.7%。美国知识产权密集型产业的平均周薪为 1517 美元，比其他行业工人的周薪高出约 60.0%。

美国知识产权密集型产业中溢价率最高的是版权密集型产业，达到 120.0%，专利密集型产业次之，为 85.0%；欧盟知识产权密集型产业中溢价率最高的是专利密集型产业，达到 65.0%，版权密集型产业次之，为 49.3%（图 5-4）。

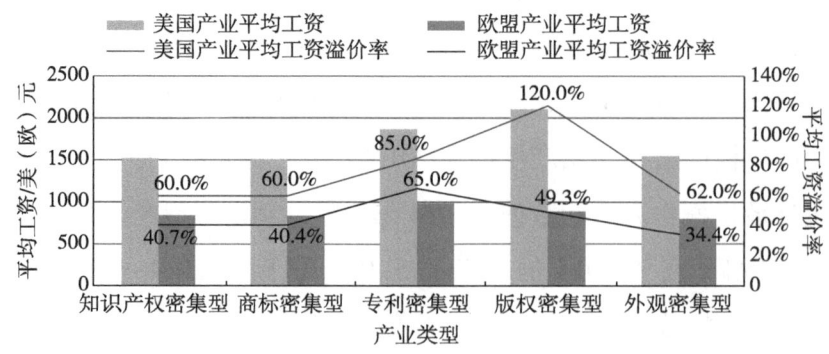

图 5-4 知识产权密集型产业平均工资及溢价率

6 政策建议

21世纪是知识经济时代，世界经济进入由工业经济向知识经济转型的新阶段，产业结构逐步实现现代化，知识产业逐渐成为主导产业。《中国现代化报告2018：产业结构现代化研究》指出，未来35年，我国将全面建成制造业强国、服务经济强国和知识经济强国。作为支撑我国制造强国建设和现代化建设的重要一环，知识产权密集型产业在推动服务业和制造业现代化、拉动经济实现高质量发展和促进国际贸易市场繁荣中扮演着越来越重要的角色。本文基于美国《知识产权与美国经济》、欧盟《知识产权密集型产业及其在欧盟的经济表现》等国际报告，同时结合我国2019年4月最新发布的《知识产权（专利）密集型产业统计分类（2019）》《中国版权相关产业的经济贡献》等内容，适时回顾和对比中国、美国和欧盟最新的知识产权密集型产业认定方法，同时就知识产权密集型产业的具体细分行业进行横向比较。研究发现，我国的知识产权密集型产业相关研究尚未形成完整体系，产业认定方法仍需完善，存在产业类别单一、覆盖面不广等问题。针对这些尚待解决的问题，本文对进一步健全和完善我国知识产权密集型产业认定等管理办法提出如下几点建议。

（1）完善产业界定与分类标准

为了准确界定知识产权密集型产业，我国应借鉴美国和欧盟等经济体的先进经验，结合专利、商标、版权等核心知识产权统计数据及产业经济数据，持续完善产业界定体系。这要求在产业分析方面需进一步明确知识产权密集型产业界定标准，确保所有符合知识产权密集型特征的行业企业都能被纳入政策支持范围。同时，建立定期更新机制，以适应新兴技术和商业模式的快速发展，确保产业界定的时效性和准确性。此外，还需设立跨部门协调机制，加强政府部门间的沟通与协作，确保在产业界定上的一致性和连贯性，减少政策执行中的冲突与重叠。

(2) 构建数据统计与监测体系

为了完善知识产权密集型产业的数据统计和监测体系，我国应当深入研究和借鉴美国、欧盟等国家和组织的统计指标体系，特别是在专利、商标、版权等不同类型的知识产权密集型产业的统计方法上。在数据统计的过程中，扩展统计指标范围，不局限于专利密集型产业，还要包括商标密集型产业、版权密集型产业等领域，以确保统计的全面性和代表性。同时，增加数据来源的多样性，包括企业调查、行政记录、专利数据库等多种途径，通过严格的数据审核和质量控制流程确保数据的准确性和时效性。在统计方法上寻求与国际标准的一致性，确保数据的可比性，并探索新的统计方法和技术，如利用大数据和人工智能技术改进数据处理和分析能力，并根据需要调整监测频率，确保能够及时捕捉到产业动态，以应对市场和技术变化带来的挑战。

(3) 加强国际比较研究

为了进一步完善国际比较研究工作，我国应积极参与国际标准制定过程，提升在全球价值链中的地位，确保中国的知识产权密集型产业能够在国际竞争中占据有利位置。首先，学习借鉴其他国家的成功经验和失败教训，避免重复错误，并加速发展进程，促进知识产权密集型产业的健康发展。增强报告的深度和广度，不仅要关注产业增加值、就业、贸易等核心指标，还需将创新能力、技术发展等多个维度纳入考量范围，以全面展现知识产权密集型产业的经济价值。其次，深化国际比较内容，扩大比较范围，不仅限于美国、欧盟和中国等主要经济体，还应纳入其他重要经济体和发展中国家，以揭示全球范围内知识产权密集型产业的多样性和发展趋势。最后，进一步加强国际合作与交流，与其他国家和地区建立数据共享机制，便于进行国际比较研究，并参与或发起国际合作项目，共同研究和改进统计监测体系。在此基础上，应构建一套完善有效的动态监测体系，实时捕捉并分析知识产权密集型产业在增加值、就业、贸易和创新等方面的最新动态，为政策制定者提供及时、有效的数据支持。

(4) 定期发布研究报告

在报告发布方面，欧盟和美国都会定期发布相关报告对知识产权密集型产业发展状况进行追踪和分析，我国也应定期发布官方知识产权密集型产业报告，详细记录产业发展状况和经济贡献，为政策制定者和社会各界提供透明的信息。同时，在报告内容方面，通过增加报告的可读性和易懂性，优化报告的撰写风格，达到提升报告的专业性和权威性的目的，提升报告的质量，确保数据准确、分析深入。在报告的撰写方面，除了传统的政府机构，还应加强第三方机构的参与度，鼓励第三方机构和专家参与报告的编写和解读工作，提供独立的观点和分析，以提升报告的代表性和覆盖面，为政策制定者提供多角度的意见和建议。此外，应建立有效的宣传反馈机制，通过官方渠道和媒体广泛传播报告内容，增强公众对该行业的了解和支持，促进社会各界的讨论和反馈，收集社会各界对报告的意见和建议，不断改进报告的内容和形式。在此基础上，我国可以更好地利用报告发布这一工具，促进知识产权密集型产业的发展，并为政策制定和社会各界提供有力的支持。

(5) 加大知识产权执法力度

为了更好地促进知识产权密集型产业的发展，我国应学习借鉴欧美等国家和组织的经验，在知识产权执法力度方面采取一系列措施。具体而言，需进一步完善法律法规体系，确保我国的著作权法、专利法、商标法等与国际公约协调一致，完善涉外知识产权法律，打造以贸易为核心的知识产权保护体系。在提高执法效率的同时，加大执法力度，对知识产权侵权行为进行严厉惩罚，加大对侵权行为的打击力度，提高违法成本，为企业提供全方位的法律支持，包括知识产权维权指导。此外，在国际合作方面，坚持对国内外企业的知识产权一视同仁，同等保护，完善"一带一路"知识产权公共信息服务体系，与国际通行做法相互衔接，加强多双边协调，开展跨境联合执法行动，共同打击知识产权违法行为,保护中国企业的创新成果及海外权益。通过这些措施,我国可以进一步加大知识产权执法力度,为知识产权密集型产业的发展创造更加有利的环境。

(6) 构建产业政策支持体系

对于产业政策体系,应综合运用财税金融政策,支持知识产权密集型产业的发展,推动产业转型升级,提高企业的创新能力。首先,鼓励有条件的地方政府建立区域特色知识产权密集型产业集聚区,促进产业链完善和服务体系优化,加强"产业公地"建设,降低创新成本。其次,加强与其他国家在知识产权密集型产业领域的国际合作与交流,分享成功经验,促进共同发展。最后,为促进知识产权密集型产业的发展,需进一步加强知识产权服务体系建设,包括知识产权咨询、评估、交易、维权等服务,为企业发展提供全方位支持。除此之外,还需加强与其他国家在知识产权密集型产业领域的国际合作与交流,通过参加国际会议、签署合作协议等方式,借鉴欧美国家在知识产权密集型产业领域的国际合作模式和经验,引进先进技术、共建研发中心,促进共同发展。

7 结论与展望

随着全球知识经济的迅猛发展,知识产权密集型产业作为创新与经济增长的关键力量,正日益受到各国重视。本研究基于世界主要经济体和相关组织的知识产权密集型产业的最新研究成果,深入研究了其发展现状、界定方法及经济贡献,旨在为提升我国知识产权密集型产业的国际竞争力提供有价值的对策建议。本书主要结论及未来研究展望如下。

7.1 结论

本书首先对知识产权密集型产业全局性的发展概况进行了描述,全景概述全球范围内该产业的发展阶段、历程及不同经济体在该产业发展中所处的战略地位和在贸易流通中所扮演的角色,使读者对知识产权密集型产业发展状况有一个宏观上的把握。中国、美国、欧盟在知识产权密集型产业贸易上处于全球核心地位,因此分析中美欧知识产权密集型产业的竞争情况与未来发展状况极具现实意义。根据上述研究,本文主要得出以下几点结论。

第一,知识产权密集型产业重要性日渐提升。随着全球经济向知识与技术驱动型转变,各国和国际组织对知识产权密集型产业的重视程度显著提升。例如,欧盟连续发布的《知识产权密集型产业及其在欧盟的经济表现》,深刻分析了知识产权密集型产业对于国际竞争力的提升及促进国家创新和技术转移的重要性。同时,美国作为知识产权保护和创新的先行者,持续加强对此类产业的扶持和保护，通过法律、政策和国际合作增强其全球竞争力。例如，美国政府推出多项创新支持计划，旨在激发企业和研究机构的研发潜能，政府和 USPTO 也通过制定一系列知识产权保护政策来支持这些产业。此外，中国也逐渐意识到知识产权密集型产业在推动产业升级和经济结构优化中的核心作用，不断完善知识产权保护制度，通过国家战略，如"中国制造 2025"强调创新驱动发展战略。世界各国或经济体的行为无不表明，提升知识产权密集型产业的发展水平已成为全球范围内推动经济创新和高质量发展的关键路径。

第二，知识产权密集型产业的范围正逐步扩展，尽管各国对此有所共识，但实际操作中测算方法仍存在差异。在美国，知识产权密集型产业主要包括专利密集型、商标密集型和版权密集型产业。而欧盟则更为广泛，还涵盖了外观设计、地理标志和植物品种密集型产业。虽然中国目前主要关注专利密集型产业，对商标密集型和版权密集型产业的认定尚没有权威定论，可以说我国知识产权密集型产业研究范围仍不全面，尚未构建出一个完整体系，但随着政策的发展和国际合作的深化，也开始逐渐向其他知识产权密集型领域拓展。这一多元化趋势不仅反映了全球对知识产权重要性的认识增强，也体现了各国在适应国际规则方面的策略差异。

第三，知识产权密集型产业对经济的贡献显著增长，成为多国经济增长的重要驱动力。美国、欧盟及中国等经济体通过强化知识产权保护和激励创新，显著提升了这些产业的经济产出和就业贡献。例如，从《知识产权与美国经济：第 3 版》可知，在美国的知识产权密集型产业中，商标密集型产业增加值占 GDP 的比重最高，版权密集型产业对就业的支撑力度也很大，且知识产权密集型产业在 GDP 中的占比和就业创造能力均高于其他行业。此外，通过提升这些产业的竞争力，不仅推动了技术革新，也促进了全球贸易和投资的增长。这种趋势凸显了知识产权在全球经济中的战略地位，并呼吁加强更加细致和统一的国际合作与政策支持。

第四，中国知识产权密集型产业处于不断发展、走向深化的阶段。随着政府知识产权密集型产业相关政策的落地实施，中国与美国的知识资本将不断累积，尤其是中国在该产业将迅猛发展，这与我国的创新驱动发展战略密不可分。在知识产权密集型产业分类范围和标准方面，美国和欧盟有更明确的界定标准和分类方法，而中国在这方面仍在发展之中，但近年来已取得显著进步。同时，知识产权密集型产业是制造业中拥有较高知识资源基础的一项产业集群，而我国产业知识产权薄弱，国外企业占据竞争优势地位，掌握核心专利技术，引领技术发展前沿。因此，中国的知识产权密集型产业仍然是"量"上取胜，但是距离"质"的提升还有一定的空间。

7.2 未来研究展望

根据本研究的理论分析与实证研究结论，结合中国的知识产权密集型优势产业组合的现状，可以为中国后续升级知识产权密集型优势产业组合，提升国家的核心能力的发展战略与政策制定带来一些启示，具体如下。

第一，在知识产权密集型产业测算方面。为更好地推动知识产权密集型产业的测算体系发展，中国应借鉴美国、欧盟等经济体的测算方法，采用定量分析方法，引入更多定量和定性指标，结合专利、商标、版权等知识产权统计数据及产业经济数据，对知识产权密集型产业进行详细测算和界定。美国通过计算产业内人均知识产权拥有量（如专利密度、商标强度和版权贡献率）将知识产权密集型产业细分为专利、商标和版权密集型3类，侧重于技术创新和专利保护。在此基础上，欧盟采用专利绝对强度和相对强度、商标密度和版权贡献率等指标，进一步扩展界定了外观设计、地理标志和植物品种权密集型产业，注重知识产权的广泛应用和市场作用。而中国目前主要关注专利密集型产业，界定方法涉及发明专利密集度、发明专利授权规模和R&D投入强度等。同时，应加强数据收集和分析工作，建立健全统计监测体系，积极借鉴国际最佳实践，优化知识产权保护和激励创新的政策环境，为知识产权密集型产业的发展提供更加坚实的支撑。通过这些措施，中国将能够更全面地评估知识产权对经济的贡献，进一步促进经济高质量发展和创新驱动发展战略的实施。

第二，为了进一步推动知识产权密集型产业的全球发展，未来的国际比较研究应当采取更为广泛和深入的路径。首先，扩大比较范围是关键一步，不应局限于美国、欧盟和中国等少数经济体，还应纳入其他重要经济体和发展中国家。这种广泛的比较能够揭示全球范围内知识产权密集型产业的多样性和发展趋势，为各国政策制定者提供更为全面的参考依据。其次，深化比较内容也至关重要，这包括产业界定标准的异同、测算方法的科学性与准确性、经济贡献的具体指标，以及政策支持的有效性等多个方面。通过全面而细致的比较分析，可以发现各国在知识产权密集型产业发展中的亮点与不足，进而为各国政策的优化和创新提供有力支持。最后，加强国际合作是推动国际比较研究不可或缺的一环。国际合作不仅有助于共享研究资源和数据，提高研究效率与准确性，更能促进各国在知识产权密集型产业发展方面的经验交流与合作。通过建立国际研究联盟或平台，共同开展跨国研究项目，加强政策对话与协调，可以推动全球知识产权制度的完善和发展，进而促进知识产权密集型产业的健康与可持续发展。综上所述，通过扩大比较范围、深化比较内容及加强国际合作，我们能够更加全面地把握全球知识产权密集型产业的发展动态，为各国乃至全球的知识产权战略制定与实施提供更为坚实的理论支撑与实践指导。

第三，为了更精准地把握知识产权密集型产业对经济的深远影响，未来的研究需在经济贡献的评估上实现更深层次的突破。这包括细化经济贡献指标，以确保评估的全面性和精确性。我们不仅要关注产业增加值、就业、贸易这些核心指标，还需将创新能力、技术发展等多个维度纳入考量范围，从而全方位展现知识产权密集型产业的经济价值。同时，量化间接经济贡献同样不容忽视，知识产权密集型产业的发展如同一股强劲的动力，不仅能直接推动经济增长，更能通过带动相关产业链的发展，间接提升整体经济的创新能力和竞争力。因此，通过投入产出分析等方法，深入剖析其间接贡献，是全面评估该产业经济价值的必经之路。此外，动态跟踪研究也是未来工作的重点。知识产权密集型产业作为新兴且快速发展的领域，其经济贡献的变化日新月异。为了保持政策的时效性和针对性，我们必须构建一套完善的动态监测体系，实时捕捉并分析该产业在增加值、就业、贸易和创新等方面的最新动态。这不仅有助于我们准确把握产业发展的新趋势和新特点,更能为政策制定者提供及时、有效的数据支持,确保政策调整的科学性和有效性。

第四,为了促进知识产权密集型产业的持续健康发展,未来研究需着力于完善政策支持体系,并深入探讨不同类型政策的协同作用机制。具体而言,应研究如何通过税收优惠、财政补贴、金融支持等多元化政策手段,有效激励企业增加研发投入,加速知识产权密集型产业的成长。同时,鉴于不同类型政策间可能存在的协同效应,应加强对政策组合方案的科学设计,如结合知识产权保护政策、创新激励政策和市场准入政策等,形成合力,全方位推动该产业的发展。此外,定期评估各项政策的实际效果至关重要,这不仅能及时发现并解决政策执行中的问题,为政策的动态调整和优化提供科学依据,还能为其他国家和地区的政策制定提供宝贵经验和参考,共同推动全球知识产权密集型产业的繁荣发展。

本研究通过深入分析知识产权密集型产业的国际发展态势与中国现状,提出完善测算方法、深化国际比较、细化经济贡献评估及完善政策支持体系等建议。中国应借鉴国际经验,多维度评估知识产权密集型产业的经济价值,加强数据收集与分析,扩大国际比较研究范围,细化经济贡献指标,并通过多元化政策手段形成合力,推动知识产权密集型产业高质量发展,提升国家核心竞争力。

参考文献

[1] 国家统计局.《知识产权（专利）密集型产业统计分类（2019）》[EB/OL].(2011-04-11)[2022-06-28].https://www.cnipa.gov.cn/art/2019/4/11/art_53_118019.html.

[2] FINK C, BRAGA C A P. How stronger protection of intellectual property rights affects international trade flows[R]. Policy research working paper, 1999.

[3] PHAM N D. The impact of innovation and the role of intellectual property rights on U.S. productivity, competitiveness, jobs, wages and exports[R]. Social science electronic publishing, 2017.

[4] 王黎萤,虞微佳,王佳敏,等.影响知识产权密集型产业创新效率的因素差异分析简[J].科学学研究,2018,36(4):662-672.

[5] 赵锐.中日知识产权密集产业内贸易水平及影响因素研究[J].当代经济,2021(1):17-23.

[6] 田家林.区域专利密集型产业知识产权运营效率比较分析[J].财会月刊,2019(24):134-139.

[7] 韩菲颖.中美知识产权密集型产业国际竞争力及升级路径比较研究[D].武汉:武汉大学,2017.

[8] 赵健.知识密集型产业技术创新路径演化与决策研究[D].哈尔滨:哈尔滨工程大学,2013.

[9] 许强.知识密集型产业评价和发展研究[D].上海:复旦大学,2007.

[10] 王博雅,蔡翼飞.知识产权密集型产业支撑现代产业体系建设的优势分析与作用机理研究[J].江苏社会科学,2020(1):117-125.

[11] 李春磊.跨国公司专利技术的信息化研发趋势[J].全球科技经济瞭望,2010(6):6.

[12] World Intellectual Property Organization. World intellectual property indicators 2023 [EB/OL]. (2023-10-01)[2023-11-11].https://www.wipo.int/publications/en/details.jsp?id=4678.

[13] 姜南,单晓光,漆苏. 知识产权密集型产业对中国经济的贡献研究[J]. 科学学研究,2014,32(8):31-35.

[14] VICHYANOND J. Intellectual property protection and patterns of trade[R]. Working papers, 2009:1-57.

[15] HU A G Z, PNG I P L. Patent rights and economic growth: evidence from cross-country panels of manufacturing industries[J]. Oxford economic papers, 2013, 65(4):675-698.

[16] PHAM N D. IP-intensive manufacturing industries: driving U.S. economic growth[R].NDP Analytics, 2015.

[17] 徐明,姜南. 我国专利密集型产业及其影响因素的实证研究[J]. 科学学研究,2013,31(2):11-15.

[18] 赵喜仓,刘丹. 美国知识产权密集型产业测度方法研究[J]. 江苏大学学报:社会科学版,2013(4):85-89.

[19] 王磊. 中美专利密集型产业比较分析[J]. 产业经济评论,2014(2):110-113.

[20] 王磊. 中美商标密集型产业比较分析[J]. 生产力研究,2014(6):107-111.

[21] 王磊. 中美版权密集型产业比较分析[J]. 中国集体经济,2014(24):154-156.

[22] 张鹏. 商标密集型产业基本问题探析:以商标对经济发展贡献状况为视角[J]. 中华商标,2014(8):26-29.

[23] 李凤新,刘磊,倪苹. 中国产业专利密集度统计报告[J]. 科学观察,2014(1):7-24.

[24] 李黎明. 知识产权密集型产业测算:欧美经验与中国路径[J]. 科技进步与对策,2016,33(14):55-62.

[25] 许强. 知识密集型产业评价指标体系和定量模型构建[J]. 商业时代,2007(33):103-104.

[26] 张永超. 知识密集型制造业知识产权管理系统研究[D]. 哈尔滨:哈尔滨工程大学,2012.

[27] 田家林. 区域知识产权密集型产业发展不均衡评价[J]. 技术经济与管理研究,2018(4):118-121.

[28] 潘玲. 贵州省知识产权(专利)密集型产业研究[J]. 科技管理研究,2023,43(7):

94-104.

[29] 张骏. "十二五"期间江苏省专利密集型产业效率分析：基于制造业数据[J]. 天津科技，2015，42（11）：59－61.

[30] 陈庆，陈锐，张世联，等. 产业经济下知识产权密集型企业培育模式初探[J]. 中国发明与专利，2016（11）：6-9.

[31] 王双陆. 广东省知识产权密集型产业发展与经济转型升级研究[J]. 中国产经，2020（6）：114-116.

[32] 苏源哲，张晶. 湖北省专利密集型产业研究[J]. 科技创业月刊，2021，34（1）：63-66.

[33] 孙玉涛，杨中楷. 知识产权保护与经济增长的互动分析[J]. 科技管理研究，2005，25（12）：172-174.

[34] 陈春晖，曾德明，朱丹. 知识产权与中国经济增长的协整关系研究[J]. 湖南大学学报：自然科学版，2007，34（7）：89-92.

[35] 徐明，姜南. 专利密集型产业对工业总产值贡献率的实证分析[J]. 科学学与科学技术管理，2013，34（4）：119-127.

[36] 李静晶，庄子银. 知识产权保护对我国区域经济增长的影响[J]. 科学学研究，2017，35（4）：557-564.

[37] 姜南，单晓光. 知识产权密集型产业对经济发展的推动作用：《知识产权与美国经济：产业聚焦》报告简评[J]. 科技与法律，2012（5）：75-79.

[38] 杨楠. 知识密集型产业、人力资本积累与经济增长[J]. 云南财经大学学报，2013（3）：22-30.

[39] 范文，谢淮. 知识产权密集型产业的认定及其对经济的贡献综述[J]. 科技促进发展，2017（3）：158-163.

[40] 于洋. 我国知识产权密集型产业全要素生产率测算研究[J]. 调研世界，2023（1）：43-52.

[41] 国家知识产权局. 《专利密集型产业目录（2016）》（试行）[EB/OL]. （2016-10-28）[2022-06-28]. https://www.cnipa.gov.cn/art/2016/10/28/art_88_40232.html.

[42] 国家知识产权局. 《专利转化运用专项行动方案（2023—2025年）》[EB/OL]. （2023-10-19）[2024-08-02]. https://www.cnipa.gov.cn/art/2023/10/25/art_67_188248.html.

[43] United States Patent and Trademark Office. Intellectual property and the U.S. economy: industries in focus[EB/OL]. (2012-03-12) [2022-06-28]. https://www.commerce.gov/data-and-reports/reports/2012/03/intellectual-property-and-us-economy-industries-focus.

[44] United States Patent and Trademark Office. Intellectual Property and the U.S. Economy: 2016 Update[EB/OL]. (2016-09-26) [2022-06-28]. https://www.commerce.gov/data-and-reports/reports/2016/09/intellectual-property-and-us-economy-2016-update.

[45] European Patent Office. Intellectual property rights intensive industries: contribution to economic performance and employment in the European Union[EB/OL]. (2013-09-30) [2022-06-28]. https://www.epo.org/en/publication-content/ipr-intensive-industries-contribution-economic-performance-and-employment.

[46] European Patent Office. Intellectual property rights intensive industries: contribution to economic performance and employment in the European Union[EB/OL]. (2016-10-24) [2022-06-28]. https://euipo.europa.eu/tunnel-web/secure/webdav/guest/document_library/observatory/documents/IPContributionStudy/performance_in_the_European_Union/performance_in_the_European_Union_full.pdf.

[47] European Patent Office. Intellectual property rights intensive industries: contribution to economic performance and employment in the European Union[EB/OL]. (2019-09-25)[2022-06-28]. https://www.epo.org/en/publication-content/intellectual-property-rights-intensive-industries-and-economic-performance-0.

[48] World Intellectual Property Organization. Guide on surveying the economic contribution of the copyright-based industries[EB/OL]. (2015) [2022-06-28]. https://www.wipo.int/publications/en/details.jsp?id=259#:~:text=The%20Guide%20contains%20information%20and%20recommendations%20for%20research,of%20the%20copyright-based%20industries%20to%20the%20national%20economy.